A escola dos nossos sonhos

Pequena introdução à
história da educação

© 2014 by Gabriel Chalita

© Direitos de publicação

CORTEZ EDITORA
Rua Monte Alegre, 1074 – Perdizes
05014-001 – São Paulo – SP
Tel.: (11) 3864-0111 Fax: (11) 3864-4290
cortez@cortezeditora.com.br
www.cortezeditora.com.br

Direção
José Xavier Cortez

Editor
Amir Piedade

Preparação
Roksyvan Paiva

Revisão
Alessandra Biral
Gabriel Maretti
Rodrigo da Silva Lima

Edição de Arte
Mauricio Rindeika Seolin

Projeto e Diagramação
More Arquitetura de Informação
Mozart Acs
Paula Rindeika

Ilustrações
Rodrigo Abrahim

Dados Internacionais de Catalogação na Publicação (CIP)
(Câmara Brasileira do Livro, SP, Brasil)

Chalita, Gabriel.
 A escola dos nossos sonhos: pequena introdução à história da educação / Gabriel Chalita. – 1. ed. – São Paulo: Cortez, 2014.

 Bibliografia.
 ISBN 978-85-249-2281-7

 1. Educação – Finalidades e objetivos 2. Educação – História 3. Escolas – Aspectos sociais 4. Prática de ensino 5. Pedagogia I. Título.

14-08700   CDD-370.72

Índices para catálogo sistemático:
1. Educação: Projeto de pesquisa   370.72

Impresso no Brasil – agosto de 2014

A escola dos nossos sonhos

Gabriel
CHALITA

1ª edição
2014

Mudam-se os tempos, mudam-se as vontades,

muda-se o ser, muda-se a confiança;

todo o mundo é composto de mudança,

tomando sempre novas qualidades.

Continuamente vemos novidades,

diferentes em tudo da esperança:

do mal ficam as mágoas na lembrança,

e do bem (se algum houve), as saudades.

Camões

Sumário

PALAVRAS INICIAIS 8

CAPÍTULO 1
A ESCOLA NA ANTIGUIDADE 16

CAPÍTULO 2
O TEOCENTRISMO MEDIEVAL E
O ANTROPOCENTRISMO RENASCENTISTA 42

CAPÍTULO 3
A EDUCAÇÃO CONTEMPORÂNEA 66

CAPÍTULO 4
A ESCOLA COM QUE SONHAMOS 102

Palavras iniciais

A escola dos nossos sonhos é um convite à reflexão e à ação. Somos todos privilegiados observadores da história da educação e do desenvolvimento experimentado pelo conceito de escola, relativamente ao seu papel e à sua importância na relação entre o processo de ensino e aprendizagem. Escolas mais tradicionais e fechadas, que tentaram provar a ferro e fogo o desempenho educacional dos seus alunos, até instituições de ensino mais liberais, em que a construção do conhecimento se dera em consonância com o tempo e o desejo do educando. Escolas discretas, escolas grandiosas. Escolas em que os alunos passavam pequena parcela do dia porque a educação maior se dava no lar, com a família; escolas em que todo o tempo era dedicado à aprendizagem; escolas de formação integral. Escolas com saberes práticos, escolas com saberes teóricos.

Pedagogias e olhares pedagógicos foram se transformando durante a história. Desde sempre alguém ensinou e outro alguém aprendeu, entretanto, a formalização do ensino, como fator essencial para o sucesso da aprendizagem, sempre desafiou pensadores a encontrar os melhores caminhos para sua eficiência e eficácia. De um saber memorizado a um saber construído. De um saber construído a um saber exigido. De um saber exigido a um saber socializado. O saber para o diletantismo e o saber para a transformação do mundo. O saber para o corpo e o saber para a mente.

Dos olhares míticos e religiosos aos olhares filosóficos e científicos. Dos que se preocupavam com a descoberta da essencialidade aos que se dedicavam à retórica, ao discurso. Dos que destratavam aos que instigavam.

A educação sempre esteve presente nas manifestações humanas. Onde há gente, há educação. De igual forma, há escola.

Este livro tem a finalidade de fazer uma breve viagem pelos olhares que a história deu à educação. Sem a preocupação de se ater aos detalhes de cada momento da sua história, porque essa não é a sua finalidade. O objetivo deste trabalho é refletir sobre a escola que queremos hoje e o dimensionamento da sua complexidade.

PALAVRAS INICIAIS

A construção conjunta da escola dos nossos sonhos não deve desprezar o esforço de séculos ou de milênios em compreender quais seriam as metodologias mais adequadas para ensinar e, assim, aprender. Há valores que permaneceram desde os egípcios, gregos e romanos. Há outros que o tempo foi destruindo por se pensar não mais haver necessidade de mestres e aprendizes. Compreender esse processo de transformação progressiva e gradual ajuda a evitar erros no presente e a construir o alicerce para o futuro.

A escola dos nossos sonhos é um desafio que todo educador profissional ou familiar necessita buscar. Uma escola acolhedora faz toda a diferença na formação de uma pessoa, e é este o nosso intento: ensejar a reflexão sobre as bases dessa escola. Longe de ditar regras ou de padronizar a escola ideal, este livro tem o objetivo de instigar, de provocar o educador para que ele não desperdice seu importante papel social que nasce não do postulado de uma única teoria, mas do respeito à autonomia do ser humano. Sem dúvida alguma, na escola dos nossos sonhos, os professores são destacados pela importância e pelo mérito da sua função, hoje tão vilipendiados por uma sociedade que nem sempre os valoriza.

Este nome – escola dos nossos sonhos – surgiu a partir de vários seminários que organizei como Secretário da Educação do Estado de São Paulo, entre 2002 e 2006, em que ouvíamos os educadores, pais e alunos, cada qual participando da construção da escola que acreditavam ser a melhor. Muitos programas que implementamos no Estado de São Paulo nasceram desses seminários. O Programa Escola da Família, que consistiu na abertura de todas as escolas estaduais nos fins de semana, foi um deles. O desafio foi enorme, mas o resultado valeu a pena. Milhões de pessoas passaram a frequentar as escolas para conviver. Privilegiávamos quatro grandes eixos: cultura, esporte, saúde e geração de renda. Respeitávamos a autonomia de cada uma das mais de 5 mil escolas na escolha das atividades, cuja implementação contou com o envolvimento sempre consistente e competente de diretores e professores. Criamos um programa de bolsas de estudos que ajudou milhares de alunos oriundos de escolas públicas a cursar gratuitamente uma faculdade. A contrapartida era trabalhar em uma escola pública nesses fins de semana. Em muitos casos, o aluno bolsista trabalhava na mesma escola em que havia estudado. Ajudava, assim, a reconstruir a relação familiar

PALAVRAS INICIAIS

com a escola que havia lhe dado a formação para a vida. Famílias inteiras passaram a colaborar com a conservação e o melhor aproveitamento das instalações e equipamentos escolares. Praticamente resolvemos o sério problema de violência escolar naquele período. Os dados demonstraram redução de até 80% na prática de roubos, furtos, entre outros. Consolidou-se o conceito de pertencimento: o aluno e a família, quando percebem que a escola pertence à comunidade, ajudam a conservá-la, a melhorá-la. De outro lado, o jovem envolvido em atividades esportivas e culturais tem menos probabilidade de entrar no mundo da bebida e da droga, o que geralmente conduz à violência.

A drogadição é, sem dúvida, um dos maiores problemas da juventude contemporânea. Não são poucos os estudos que tentam identificar as razões que levam a essa viagem muitas vezes sem volta, à destruição dos sonhos e das possibilidades de construção de uma vida digna. Por curiosidade, carência, necessidade de aceitação, desinformação. E a escola não pode ficar ausente dessa situação. Preparar para a vida significa empreender esforços para que ela tenha sentido e seja vivida em sua plenitude.

Outras ideias surgiram desses seminários, como a do programa de formação continuada de professores, que compreendia a promoção e o custeio de cursos de pós-graduação, mestrado e doutorado, para professores da rede pública de ensino. O professor é a alma do processo educativo, e tanto o Estado como as organizações privadas não devem medir esforços para valorizá-lo.

Levamos também alunos e professores aos teatros, cinemas e museus de São Paulo; criamos aulas em parques de diversões; promovemos gincanas, olimpíadas culturais, projetos sociais e outras tantas atividades nas escolas, depois de escutarmos os envolvidos no processo educativo. Enfim, não se constrói política educacional com autoritarismo. O sonho não pode ser individual. É coletivo. Os cargos são passageiros e é exatamente por isso que, com muita humildade, aprendemos com quem faz educação. Como presidente do Consed – Conselho Nacional dos Secretários de Educação –, por dois mandatos, tive a oportunidade de conhecer um pouco mais o Brasil e procurei disseminar esses mesmos valores: "O sonho é de todos", "É horizontal", "É construído e avaliado". E o resultado depende de persistência, de continuidade e de

PALAVRAS INICIAIS

paciência. Se sonhar muitas vezes nos põe distantes da realidade, não sonhar destrói a capacidade que teríamos de transformá-la. Vamos ao sonho, enfim! Vamos à busca da escola dos nossos sonhos.

Tenho uma espécie de dever de sonhar sempre, pois, não sendo mais, nem querendo ser mais, que um espectador de mim mesmo, tenho que ter o melhor espetáculo que posso. Assim me construo a ouro e sedas, em salas supostas, palco falso, cenário antigo, sonho criado entre jogos de luzes brandas e músicas invisíveis.*

Gabriel Chalita

 *PESSOA, Fernando. *Livro do desassossego*. Por Bernardo Soares. 2. ed. São Paulo: Editora Brasiliense, 1989, p. 232. Disp. em: <http://www.dominiopublico.gov.br/download/texto/vo000008.pdf>. Acesso em: 12 mar. 2014.

Capítulo 1

A escola na Antiguidade

Antiguidade viu nascer diversas formas de manifestação educacional. Na **cultura tribal**, não havia escolas, como também não havia Estados juridicamente construídos. Eram sociedades em que predominava o conhecimento mítico. Os valores eram transmitidos de uma geração para a outra pela linguagem oral.

Todas as explicações para o desconhecido – e quase tudo era desconhecido – vinham do sagrado. Das coisas boas às ruins. Da terra que trazia o alimento à praga que o destruía. Os rituais tinham por finalidade agradar ou acalmar os deuses.

CAPÍTULO 1 – A escola na Antiguidade

Em muitas culturas tribais, a procriação não decorria somente da relação entre um homem e uma mulher, que eram considerados apenas instrumentos dos deuses. Os deuses eram procriadores. Eles é que fecundavam a espécie para sua continuidade.

A tradição oral dava unidade ao grupo que, por meio de suas crenças, se distinguia de outros grupos. Os rituais de passagem eram administrados por pessoas que detinham o "poder" dentro do grupo. Pessoas que eram respeitadas, geralmente, pela experiência e pelo conhecimento. As crianças aprendiam observando e reproduzindo as ações dos adultos. E aprendiam para a vida. Esse era o sentido da educação tribal, uma educação que preparava para a vida. Não há registros de violência contra a criança que não aprendia ou que tinha maior dificuldade de aprendizagem. Pais que espancam filhos é coisa dos chamados civilizados, não dos tribais. O que havia, em algumas dessas sociedades, era o exagero nos rituais de passagem, as provas de coragem e valentia diante da dor. E muitos tombavam não resistindo a essas provas.

A formação era integral e universal. Abrangia a vida, e todos os membros da tribo tinham acesso a ela. A mudança educacional se deu com a sociedade tida como mais organizada, na qual a escola deveria dar conta do processo educativo em benefício apenas de alguns poucos membros do grupo social. Na comunidade tribal não havia essa divisão. Quem pertencia à tribo poderia e deveria estudar.

Depois das sociedades tribais, houve um interessante **processo civilizatório** em algumas regiões próximas a rios, como a **Mesopotâmia**, às margens dos rios Tigre e Eufrates; o **Egito**, às margens do Nilo; a **Índia**, com os rios Indo e Ganges; e a **China**, com os rios Yangtzé e Hoang-Ho.

Cada uma dessas civilizações passou a favorecer a prática educacional, fundamentada no respeito aos valores próprios das sociedades teocráticas. Figuras como a do Imperador da China, considerado filho do Céu, ou do Faraó do Egito, conhecido como filho do Sol, eram ao mesmo tempo admiradas e temidas por seus povos. Diferentemente das sociedades tribais, em que a instrução se destinava a todos, pois era voltada para o atendimento das necessidades comuns de sustento e defesa da comunidade, nas civilizações posteriores observou-se o aparecimento de uma classe de dirigentes que se distinguia

CAPÍTULO 1 – A escola na Antiguidade

dos demais membros do grupo social, conforme a influência e a atuação de seus membros no domínio e controle das forças que regiam a vida em coletividade. Em outras palavras, membros da mesma sociedade passaram a ter maior ou menor importância no âmbito desse quase Estado, merecendo ou não ser educados, na medida de sua participação e interesse nos assuntos relacionados ao exercício do governo.

A escrita apareceu nessas culturas. Antes do chamado alfabeto, ela foi pictográfica (representação de figuras em um alto nível de abstração) e ideográfica (representação de objetos e ideais).

Tanto os egípcios como os chineses utilizaram-se da escrita pictográfica e ideográfica (a China até pouco tempo atrás mantinha essa escrita). Esse tipo de linguagem era muito complexa e poucas pessoas conseguiam dominá-la. Os famosos escribas no Egito e os mandarins na China eram respeitados por registrar a tradição em seus escritos. Na Índia, a mesma função era exercida pelos brâmanes e, na Mesopotâmia, pelos magos.

Tempos depois teve início a escrita fonética, que pode ser silábica ou alfabética.

A escrita fonética alfabética foi inventada pelos fenícios, que eram exímios navegadores e negociantes e, por isso, a difundiram por volta do ano de 1500 a.C. Os gregos assimilaram o alfabeto fenício e o transmitiram aos latinos.

Passou-se a estabelecer nessas sociedades a divisão de tarefas. Aos privilegiados cabia o domínio da escrita, a administração dos grandes negócios do Estado ou, ainda, a preparação para a defesa da terra. Aos demais era permitido dar conta das atividades domésticas e de sustento. Por serem sociedades teocêntricas, os valores que orientavam sua educação derivam dos livros sagrados. No **Egito**, as escolas eram frequentadas por pouquíssimos alunos, segundo a tradição, e o processo educacional deveria ocorrer em obediência à técnica mnemônica, que incluía a repetição de conceitos em voz alta e em grupo, com o objetivo de favorecer a aprendizagem pela memorização. As escolas teocráticas formavam as pessoas, então, para a obediência. Três aspectos mereciam destaque na educação egípcia. Primeiro, o interesse pela formação dos escribas. Os pais sonhavam que seus filhos fossem escribas, tendo em vista que a profissão conferia enorme prestígio às pessoas. Segundo, a valorização da palavra oral. A oratória, a arte de falar e de se expressar bem era fundamental para se obter destaque na sociedade. Terceiro, a importância atribuída à educação física. O preparo físico deveria ser incentivado porque a defesa da sociedade dependia da preparação de bons guerreiros. Enfim, as regras impostas eram: falar bem, escrever bem e estar em constante treinamento.

Na **Mesopotâmia** também prevalecia a educação doméstica para a maior parte da população. Os sacerdotes tinham grande força, e os escribas, formados pelas escolas mesopotâmicas, desfrutavam da mesma autoridade atribuída aos egípcios. Eram eles os responsáveis pela leitura e escrita dos textos sagrados, e pelos contratos de ordem comercial e internacional.

Entre os hindus, na **Índia**, o fator religioso levou à formação de classes de estratificação ainda mais definidas e hierarquizadas, o chamado sistema de castas, em que a ascensão social se tornava quase impossível. O bramanismo ensinava que tudo era manifestação de uma única realidade chamada Brâman, que seria 'a alma', 'a essência de todas as coisas'. As castas advindas das crenças religiosas eram as seguintes: os brâmanes (sacerdotes que teriam sido gerados da cabeça do deus Brahma), os xátrias (guerreiros e magistrados), os vaixás (agricultores e mercadores), os sudras (artesãos) e os párias (servos). Os párias eram miseráveis porque não descendiam de nenhuma divindade. O budismo também teve muita influência entre os povos da Índia. O título Buda, atribuído a Sidarta Gautama, significa 'iluminado'. O mestre era aquele que se iluminava e conseguia iluminar o seu discípulo. Daí a importância que se dava ao professor dentro do budismo. De qualquer forma, os filhos das castas superiores eram educados geralmente como os egípcios, embaixo de árvores, ao ar livre, e sob a responsabilidade de mestres muito reconhecidos e encarregados de

CAPÍTULO 1 – A escola na Antiguidade

ensinar os valores religiosos que garantiriam a unidade do povo e o direito à imortalidade.

A **civilização hebraica** vivenciou vários momentos. Primeiro na Caldeia, depois no Egito, período marcado pela glória e pela escravidão; e depois, em Canaã, a terra prometida. A saga desse povo está na Bíblia, no Antigo Testamento. Diferentemente de outras culturas do mesmo período, os hebreus acreditavam em um único Deus, Javé. E praticavam uma educação que visava à plena obediência a esse Deus. Os cinco primeiros livros da Bíblia são chamados de Pentateuco ou Torá. Torá significa 'ensinamento'. E os ensinamentos do Torá constituem lições práticas da vida. A palavra nessa época era muito valorizada. Tudo teria dela surgido; e o falso testemunho é a negação da palavra. A palavra de Deus criou o mundo e, por meio de suas leis e de seus profetas, conduz o seu povo ao paraíso.

Os **gregos** foram profícuos pensadores da educação. Os chamados pré-socráticos, que não viviam em Atenas, eram considerados filósofos cosmocêntricos, porque se preocupavam mais com os fenômenos da natureza do que propriamente com o homem ou com a divindade. Tinham uma inquietação constante, a de procurar entender a origem do cosmos. Tales de Mileto foi o primeiro deles. Sua experiência o levou a perceber a diversidade de elementos que compõem a natureza e a afirmar a hegemonia dos quatro primeiros elementos da natureza: terra, água, ar e fogo. Depois dele, Anaximandro de Mileto, Heráclito de Éfeso e Parmênides de Eleia, cada um do seu modo, procurou entender a origem e funcionamento do universo.

Pode-se resumir a herança pedagógica dos gregos no conceito de Paideia, um conhecimento integral e universal, capaz de fazer do homem um ser virtuoso. Esse homem absoluto tinha de conhecer a filosofia, a linguagem, a música – tocar cítara era um exercício de beleza e de bondade –, os esportes, a política, enfim.

O povo grego valorizava o ócio digno, isto é, a disponibilidade de tempo para pensar e estudar, assim como a liberdade daqueles que não precisavam se preocupar com a subsistência. *Skholé,* que dá origem à palavra "escola", no grego, significa o 'lugar do ócio'. Esportes como o hipismo

CAPÍTULO 1 – A escola na Antiguidade

e a natação, além de atletismo, envolviam cada vez mais jovens preocupados com o corpo saudável. O teatro era acessível ao povo. Comédias e tragédias traziam profundas reflexões sobre temas da aristocracia e da democracia. Os jogos olímpicos, realizados na cidade de Olímpia a partir do século VIII a.C., eram tão importantes que, para a sua prática, os conflitos que porventura estivessem em curso entre os povos participantes – que não eram poucos – chegavam a ser suspensos.

Homero foi considerado por Platão (apesar de sua restrição à poesia) o educador da Grécia, por trazer em seus escritos a apologia da virtude. A síntese do bom e do belo. Os alunos decoravam poemas para serem recitados em praça pública. Tanto em Esparta como em Atenas, a educação era incentivada com o objetivo de desenvolver a integralidade do homem. Em Esparta, as discussões eram mais concisas e diretas. A palavra "laconismo", que significa 'forma breve de falar', deriva da Lacônia, região onde moravam os espartanos. Preocupavam-se os espartanos com as guerras e, por isso, incentivavam os esportes; mas cultivavam também a beleza. Os atenienses gostavam do discurso, das elucubrações filosóficas. Frequentavam o ginásio. Os mais famosos foram os de Platão (a "Academia") e de Aristóteles (o "Liceu"). Por meio do ensino de literatura, geometria, astronomia, matemática, música, esportes, o povo grego perseguia o sonho de perfeição.

Sócrates desenvolveu um método educacional fundamentado na ironia e na maiêutica. Empregando um processo dialético-pedagógico, Sócrates interrogava seus interlocutores, levando-os, por meio da multiplicação de perguntas, ao reconhecimento de que eles nada sabiam (ironia); e, por indução de casos particulares, ajudava-os a alcançar um conceito geral sobre o objeto questionado (maiêutica). Propunha o filósofo, a partir daí, a parturição das ideias – que eram inatas. O mestre tinha de ajudar o seu discípulo a colocar para fora todo o seu potencial. Com isso, buscava ajudar os jovens a perceberem que, com humildade e paciência, conseguiriam chegar ao conhecimento e à verdade.

Os sofistas travaram um ardoroso embate com o pensamento socrático e, em particular, com Platão. Isócrates, por exemplo, disputou com Platão o conceito mais correto de palavra e de verdade: o discurso do convencimento em contraposição às lembranças internas acerca do que é correto ou errado. Era como se Platão falasse para dentro e Isócrates para fora. Sofistas eram professores que cobravam para ensinar, mas, diferentemente de Sócrates e de Platão, adotavam regras mais rápidas de repetição de conteúdos, em vez de buscar indefinidamente a verdade.

O correto e o errado, a verdade e a inverdade, o mistério que circunda o conhecimento humano são questões que desde sempre lançaram os homens na busca por resposta. Nenhum sofista defendia a existência de uma verdade objetiva ou única: afinal, cada pessoa vê as coisas de um jeito especial. Protágoras – para quem "O homem é a medida de todas as coisas" –, discutindo com Sócrates, vem nos instigar com a tão inquietante conceituação de verdade:

[...] Insisto em afirmar que a verdade é tal como a escrevi: cada um de nós é a medida do que é e do que não é, mas cada indivíduo difere infinitamente de outro. Para um, as coisas são e aparecem assim; para outro, as coisas são e aparecem de forma diferente. Quanto à sabedoria e ao sábio, não nego que existam, mas dou o nome de sábio ao indivíduo capaz de mudar o aspecto das coisas, fazendo ser e parecer bom para esta ou aquela pessoa o que antes era ou lhe parecia mau. [...] Para o doente o alimento é e parece amargoso, enquanto para o indivíduo com saúde parece ser e é justamente o contrário disso. Não devemos fazer um deles mais sábio do que o outro – pois isto é impossível – nem sustentar que o doente é ignorante por pensar dessa maneira ou, ainda, que é sábio o indivíduo com saúde por ser de opinião contrária. O que importa é mudar a condição do doente, pois o estado do outro lhe é superior em tudo. Assim, também na educação cumpre passar os homens do estado pior para o melhor. O médico consegue essa modificação por meio de drogas; o sofista, por meio de discursos. Então, nunca ninguém pôde levar quem pensa erradamente a ter representações verdadeiras; pois não é possível ter opinião do que não existe, nem receber outras impressões além daquelas do momento, que são sempre verdadeiras. O que afirmo é que, se um indivíduo com

🌸 CAPÍTULO 1 – A escola na Antiguidade

má constituição de alma tem opiniões de acordo com essa sua situação, com a mudança apropriada passará a ter opiniões diferentes, opiniões essas que os inexperientes denominam verdadeiras. No meu modo de pensar, estas opiniões serão melhores do que as primeiras; mais verdadeiras, nunca. Quanto aos sábios, meu caro Sócrates, longe de mim compará-los aos batráquios; se se ocupam com o corpo, considero-os médicos; se tratam das plantas, chamo-os agricultores. Estes últimos substituem nas plantas, quando estas adoecem, as sensações perniciosas por sensações benéficas e sadias, que é justamente como procedem os oradores sábios e prudentes, fazendo parecer justas às cidades as coisas boas em substituição às más. [...]*

---

*PLATÃO. *Teeteto*. Versão eletrônica digitalizada pelos membros do grupo de discussão Acrópolis (Filosofia) Disponível em: <http://br.egroups.com/group/acropolis/> Acesso em: 12 mar. 2014.

Platão acreditava que aprender era relembrar o que havia no mundo das ideias. A beleza da educação estava no conhecimento do ser humano sobre o seu intelecto e sobre o amor puro, que não buscava a satisfação imediata dos prazeres do corpo, mas a essência da felicidade da alma. O homem educado necessitava controlar seus apetites e vícios para desenvolver as suas virtudes. Para isso, a filosofia, a música, a geometria, a aritmética, a astronomia, entre outras disciplinas, precisavam ajudar na maturidade humana. O adulto amadurecido conseguiria entender que a beleza espiritual seria mais nobre do que a beleza física e que, ao contrário desta, não terminaria nunca. Platão criticava a retórica e a poesia por trabalharem com invenções e se fundamentarem na tentativa de convencer alguém de alguma coisa sem se preocupar com a verdade.

Aristóteles, discípulo de Platão, escreveu uma das mais belas obras sobre virtude da Antiguidade Clássica: *Ética a Nicômaco*. Um tratado sobre felicidade, em que o pensador descreve com minúcias a conduta humana e a busca do meio-termo, do equilíbrio. Para o filósofo, o ser humano é potência e ato, essência e aparência, forma e matéria. O hábito faz com que a potência se concretize em ato, e em ato correto, perfeito. A virtude é um hábito que tem de ser percorrido durante toda a vida. A educação individual leva vantagem sobre a educação coletiva. O professor, como o médico, precisa conhecer o

CAPÍTULO 1 – A escola na Antiguidade

seu aluno. Assim como o medicamento prescrito pelo médico depende do conhecimento que ele possui do paciente, deve o educador também, assim, se relacionar com o educando. Além disso, talvez uma das maiores contribuições de Aristóteles esteja no estudo realizado sobre as emoções. Segundo ele, seria preciso construir um equilíbrio entre a razão e a emoção. Não haveria aprendizagem se a emoção não fosse contemplada. A emoção serviria para libertar ou bloquear, impulsionar ou destruir.

A conexão entre razão e emoção, aliás, é assunto que prevalece nas mais criativas abordagens, das antigas às recentes. Em torno daquilo que hoje chamamos de felicidade, por exemplo, enquanto o moderno Baudelaire*, com sua poesia, indica a necessidade de combater mentalmente os efeitos do envelhecimento: – *"É preciso estar sempre bêbado. Tudo é isto: eis a única questão. Para não sentir o peso do Tempo que quebra teus ombros e inclina-te para a terra, é preciso que te embriagues sem trégua. Mas de quê? De vinho, de poesia ou de virtude, a escolha é tua. Mas embriaga-te."* –, o velho

---

*BAUDELAIRE, Charles. *Petits poèmes en prose*. (1869) Disp. em: <http://clicnet.swarthmore.edu/litterature/classique/baudelaire/enivrez.html>. Acesso em: 12 mar. 2014.

Sêneca* já alertava: "O que importa não é viver muito, mas viver com qualidade". Quantos ensinamentos e reflexões nos trazem a literatura e a filosofia!

Roma nos deixou como maior legado o direito romano, um conjunto de regras jurídicas observadas nos negócios do Estado e nas relações entre os cidadãos.

Tanto na Realeza como na República ou no Império, os romanos acreditavam em uma educação que Cícero definia como *humanitas*, cujo conceito era semelhante ao da Paideia grega.

No período da Realeza, a sociedade romana se dividia entre patrícios (homens do poder) e plebeus (homens do povo). A educação ministrada pelo Estado envolvia somente patrícios. Na República, os patrícios eram submetidos a um preparo ainda maior para o exercício de cargos públicos. Os senadores, por exemplo, eram vitalícios, mas muitos outros cargos eram disputados pelo povo e dependiam de instrução.

---

*SÊNECA. *Aprendendo a viver*. Trad. Lúcia Sá Rebello. Porto Alegre: L&PM, 2011, p. 90.

CAPÍTULO 1 – A escola na Antiguidade

A escola servia para isso. No Império, pouca coisa mudou com relação à educação, a não ser a crescente influência de um Estado cada vez mais forte. Até os sete anos, as crianças ficavam sob os cuidados da mãe ou da matrona (mulher responsável). Depois, as meninas continuavam em casa, enquanto os meninos passavam a frequentar as festas religiosas e cívicas. Aprendiam também a ler, a escrever, a manejar armas e arar a terra. Aos 15 anos, começavam a entender melhor dos negócios do Estado; era o início da aprendizagem do Direito.

Os imperadores foram responsáveis por alguns feitos em benefício da educação que merecem ser destacados. Vespasiano liberou os impostos dos professores do Ensino Médio, beneficiando Quintiliano, um dos maiores mestres da retórica, e Trajano determinou que se alimentassem os estudantes pobres.

Cícero foi um dos grandes pensadores romanos. Famoso pela brilhante oratória, defendeu uma escola que formasse homens dotados de cultura universal, que incluía filosofia, formação jurídica, desenvolvimento de habilidades de linguagem e matemática, atividades teatrais e esportivas. Sêneca, outro pensador romano de suma importância, acreditava em uma educação que servisse para reduzir os apetites pessoais e que fosse capaz de construir verdades universais. Quintiliano valorizava a psicologia como forma de se entender as particularidades de cada aluno. Um aluno é um só, é individual, propagava o pensador. Insistia ainda em uma educação que mesclasse teoria e prática, recreação e trabalho. Acreditava que, com isso, o ensino seria menos árduo e mais proveitoso. Embora considerasse essencial o respeito ao indivíduo, Quintiliano valorizava as atividades em grupo para estimular a convivência entre os aprendizes.

Permitimo-nos realizar uma breve viagem por um tempo riquíssimo da história. Muito haveria a ser dito e tantos outros pensadores poderiam ainda ser trazidos à reflexão. Entretanto, este livro não tem por objetivo estabelecer a trajetória da história da educação nos seus 2.500 anos de existência. Ele tem por escopo promover uma reflexão sobre a construção de uma escola que atenda às demandas da sociedade contemporânea. Vale ressaltar, então, alguns aspectos já mencionados.

Na organização tribal, como vimos, existia a preocupação de se educar para a vida. Em consonância com os costumes tribais,

CAPÍTULO 1 – A escola na Antiguidade

os pais não batiam em seus filhos para que eles aprendessem: tinham a obrigação de respeitar o tempo da sua aprendizagem. A educação deveria ser, ainda, integral e universal, ou seja, destinada à formação do homem no seu todo e, ao mesmo tempo, de todos os homens. Dos egípcios, chineses, mesopotâmicos e hebreus advém a importância da palavra, seja escrita ou falada, assim como a arte e os esportes. Da Índia, o respeito ao mestre, o mestre iluminado que é capaz de irradiar luz. Dos gregos, o valor à pessoa, à virtude, ao equilíbrio, ao hábito de ser bom e belo ao mesmo tempo, à humildade em ensinar e aprender e ao potencial de que todos dispõem de ensinar e de aprender. Também o culto à beleza física e espiritual, que inspira os homens educados, na maturidade, a deixar de lado as coisas efêmeras e partir em busca do essencial. E o essencial é o diálogo entre a emoção e a razão. Dos romanos, a construção do direito e de um homem culto e universal. A preocupação com um processo de ensino e aprendizagem que mescle recreação e trabalho, teoria e prática – com vistas a sua maior eficiência – e que, acima de tudo, leve em conta o indivíduo, posto que a educação necessita se dar individualmente, sem presunção de que todos os alunos sejam iguais, como já haviam dito os gregos. Além disso, os romanos legaram uma educação social voltada à consecução de objetivos práticos para o atendimento das demandas da sociedade.

O fascinante em toda essa história é podermos relembrar a atualidade dos sonhos e realizações desses povos. Pouco há que se acrescentar, sob o ponto de vista conceitual, a respeito da essência do processo educativo. Seja ele integral, dialogal, racional ou emocional, o importante é que sirva de preparo para a vida, respeitadas as diferenças individuais e o tempo de cada um para o desenvolvimento da aprendizagem.

No texto a seguir, podemos refletir um pouco sobre o tema trazido por Aristóteles, em que se observa a valorização da prudência e da virtude. A palavra é tratada como um instrumento de que dispõem os seres humanos para perseguir a sua vocação, qual seja a de viver em sociedade. E para que isso se realize sem traumas, o filósofo considera a justiça sua grande aliada. Para Aristóteles, o ser humano nasceu para ser feliz, por isso busca tanto a felicidade. E a educação é o meio de se conhecer o que é necessário para ser feliz:

CAPÍTULO 1 – A escola na Antiguidade

O Animal Político*

O homem é naturalmente um animal político, destinado a viver em sociedade, e aquele que, por instinto, e não porque qualquer circunstância o iniba, deixa de fazer parte de uma cidade, é um ser vil, ou então superior ao homem. Tal indivíduo, como disse Homero, merece a censura cruel de ser um sem-família, sem-leis, sem-lar. Porque ele é ávido de combates e, como as aves de rapina, incapaz de se submeter a qualquer obediência.

Claramente se compreende a razão de ser o homem um animal sociável em grau mais elevado que as abelhas e todos os outros animais que vivem reunidos. A natureza, dizemos, nada faz em vão. Só o homem, entre todos os animais, tem o dom da palavra; a voz é o sinal da dor e do prazer, e é por isso que ela foi também concedida aos outros animais. Estes chegam a experimentar sensação de dor e de prazer, e a se fazer compreender uns aos outros. A palavra, porém, tem por fim fazer compreender o que é útil ou prejudicial e, em consequência, o que é justo ou injusto. O que distingue o homem de um modo específico é que ele sabe discernir o bem do mal, o justo do injusto, e assim todos os sentimentos da mesma ordem cuja comunicação constitui precisamente a família do Estado.

Na ordem da natureza, o Estado se coloca antes da família e antes de cada indivíduo, pois que o todo deve, forçosamente, ser colocado antes da parte. [...] Evidentemente o Estado está na ordem da natureza e antes dos indivíduos, porque, se cada indivíduo isolado não se basta a si mesmo, assim se dará também com as partes em relação ao todo. Ora, aquele que não pode viver em sociedade, ou que de nada precisa para bastar-se a si próprio, não faz parte do Estado; é um bruto ou um deus. A natureza compele, assim, todos os homens a se associarem. Àquele que primeiro estabeleceu isso se deve o maior bem; porque, se o homem, tendo atingido a sua perfeição, é o mais excelente entre os animais, também é o pior quando vive isolado, sem leis e sem preconceitos. Terrível calamidade é a injustiça que tem armas na mão. As armas que a natureza dá ao homem são a prudência e a virtude. Sem virtude, ele é o mais ímpio e o mais feroz de todos os seres vivos; nada mais sabe, por sua vergonha, que amar e comer. A justiça é a base da sociedade. Chama-se Julgamento a aplicação do que é justo.

*ARISTÓTELES. Política. Livro I, cap. I. In: *Poética. Organon. Política. Constituição de Atenas.* São Paulo: Nova Cultural, 2000, p. 146-7 (Os pensadores).

❋ CAPÍTULO 1 – A escola na Antiguidade

Para concluir essa reflexão, juntamos a angústia do moribundo John Donne*, a sós com a morte e ainda a escrever seu *Devotions Upon Emergent Occasions*, que aponta o nosso pertencimento mútuo, a expressão maior da comunicação humana e do entendimento entre os homens – e o valor da palavra que não se quer estanque, paralisada, isolada:

Nenhum homem é uma ilha, inteiramente isolado, todo homem é um pedaço de um continente, uma parte de um todo. Se um torrão de terra for levado pelas águas até o mar, a Europa fica diminuída, como se fosse um promontório, como se fosse o solar de teus amigos ou o teu próprio; a morte de qualquer homem me diminui, porque sou parte do gênero humano. E por isso não perguntai: Por quem os sinos dobram; eles dobram por vós.

---

*DONNE, John. *Meditações*. *Apud*: MARTINI, Marcus de. "John Donne: considerações sobre vida e obra". Fragmentos, número 33, p. 121-37, Florianópolis. jul. - dez. 2007.

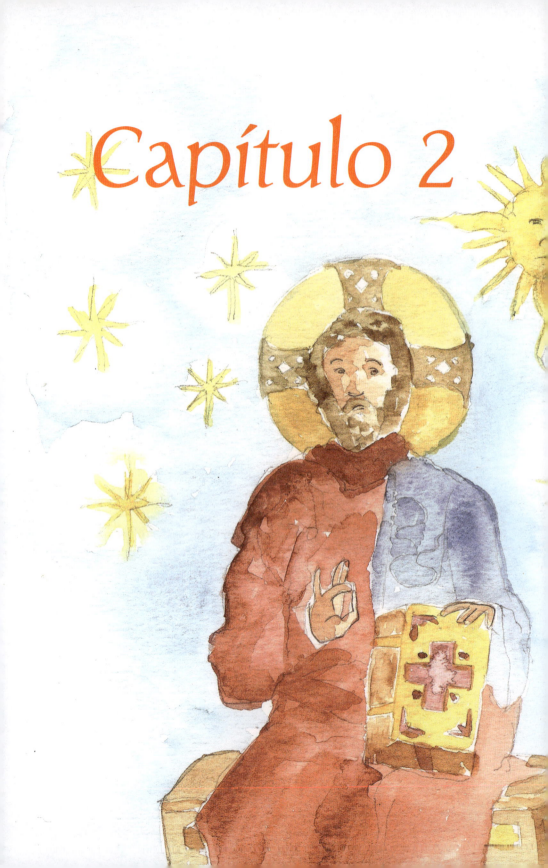

O teocentrismo medieval e o antropocentrismo renascentista

A Idade Média compreende um período de dez séculos. Inicia-se por volta do ano de 476, com a queda do Império Romano do Ocidente, e termina com a chegada da modernidade no século XV.

Muitos autores trataram da Idade Média como "o período das trevas", do obscurantismo, do medo. Alguns chegaram a afirmar que a época foi uma noite prolongada depois de um belo dia, a Antiguidade Clássica. E que o dia só retornou com

CAPÍTULO 2 – O teocentrismo medieval e o antropocentrismo renascentista

o início do antropocentrismo renascentista. Parece um pouco de exagero esse reducionismo. A Idade Média trouxe contribuições inegáveis em todas as áreas do conhecimento. Para o nosso estudo, abordaremos apenas algumas questões relevantes que se referem à educação.

A fragmentação do Império Romano deu à Igreja um poder agregador e aos mosteiros, um espaço privilegiado de contemplação e estudo. Os monges eram os únicos letrados. Por meio da escrita, registravam a história, eternizavam a memória. Nem a nobreza, nem os servos sabiam ler. A Igreja ditava as regras, coroava os reis, cuidava da alma e do corpo. E, também, dos sentimentos que enlevavam a natureza humana, como a cultura (arte sacra) e a oração.

Além da Igreja Católica, há de se levar em conta a força da educação islâmica. Os árabes, em Bagdá, no século VIII, criaram a "Casa da Sabedoria", que agregava uma significativa biblioteca e um corpo de tradutores vindos de lugares como a China, a Grécia e a Índia. Estudavam matemática, medicina, geografia e astronomia, e divulgavam as obras de Aristóteles. Com preocupação eminentemente religiosa construíram numerosas escolas com a finalidade de se ensinar o Alcorão. As crianças que frequentavam essas escolas primárias sabiam de cor a palavra de Alá.

Na Igreja Católica, as escolas proliferavam junto às catedrais e nos mosteiros. Com Carlos Magno, coroado rei pelo papa Leão III no século IX, as escolas se propagaram com a finalidade de formar o caráter e a espiritualidade. Trabalhavam com o *trivium* (três vias) – gramática, retórica e dialética; e o *quadrivium* (quatro vias) – geometria, aritmética, astronomia e música. A educação era voltada para uma pequena elite, que podia dispor do ócio sagrado.

O enfoque educacional mudou radicalmente com o florescimento da burguesia. Quando os burgueses chegaram ao poder, antes restrito aos membros da nobreza e do clero, o ensino passou a ser menos teórico e mais prático, por exigência das relações comerciais. O latim foi substituído pela língua nacional, e as escolas seculares (não religiosas) começaram a dar

CAPÍTULO 2 – O teocentrismo medieval e o antropocentrismo renascentista

ênfase a disciplinas mais práticas, como história, geografia e ciências naturais, além da matemática aplicada ao comércio e da retórica como processo de negociação. As acomodações dessas escolas eram modestas. Alguns ensinavam nas casas; outros, nas praças; outros mais, em uma sala ou embaixo de uma árvore. O importante para essa época eram o conhecimento e a didática do professor.

As mulheres praticamente não estudavam. A mulher pobre trabalhava ao lado do marido, ambos analfabetos. A mulher considerada rica estudava música, religião e artes manuais, em seus próprios castelos. Em alguns mosteiros, entretanto, ensinavam-se as meninas. A maior parte delas, com o intuito de seguir a vida religiosa, estudava latim, grego, filosofia e teologia.

Os monges copistas iam enriquecendo as bibliotecas com um trabalho paciente, que visava dar acesso às obras essenciais para o desenvolvimento espiritual. Umberto Eco, escritor e crítico literário italiano, em seu admirável romance de estreia, *O nome da rosa*, presenteou-nos com uma história situada no século XIV, na qual discorre sobre os acontecimentos em um mosteiro beneditino italiano, que possuía o maior acervo de obras literárias do mundo. São de extrema riqueza as páginas em que ele descreve em detalhes o ofício dos monges copistas.

As bibliotecas eram, na Idade Média, lugares proibidos e sagrados. O *scriptorium* era o local dos mosteiros destinado aos monges que escreviam os manuscritos. Uma ideia do esmero com que era desenvolvido esse trabalho pode ser depreendida pelas orientações de São Martinho de Tours* aos monges copistas, encarregados da confecção de bíblias conhecidas por sua beleza e cuidado:

> Que tomem lugar os que escrevem as palavras da lei santa, assim como os ensinamentos dos santos padres. Que eles não se permitam misturar suas tagarelices frívolas, com medo de que essa frivolidade não induza sua mão ao erro. Que consigam textos corrigidos com cuidado, a fim de que a pena do pássaro siga certa pelo seu caminho. Que distingam as *nuances* dos sentidos das palavras, por membros e incisos, e que coloquem cada ponto em seu lugar, a fim de que o leitor não leia coisas falsas, ou talvez permaneça repentinamente interditado na igreja diante dos seus irmãos na religião.

CAPÍTULO 2 – O teocentrismo medieval e o antropocentrismo renascentista

> De resto, deve-se fazer obra valiosa, e copiar os livros santos, e o escriba não será privado da sua própria recompensa. Mais do que cavar a videira, é bom copiar livros: lá se trabalha para a venda, aqui, para a alma. Do novo e do antigo, todo mestre poderá produzir em abundância, se ele ler os ensinamentos dos santos padres.
>
> *TOURS apud RICHÉ, Pierre. "Quando copiar era um estímulo intelectual". *História viva*. Ed. 28, fev. 2006. Disponível em: <http://www2.uol.com.br/historiaviva/reportagens/quando__copiar__era__um__estimulo__intelectual_imprimir.html>. Acesso em: 27 fev. 2014.

Alguns movimentos filosóficos surgiram na Idade Média. Dois dos mais importantes foram a Patrística e a Escolástica.

A Patrística tem como maior expoente Agostinho de Hipona (354-430). Nasceu em Tagaste. Foi professor de Retórica em sua cidade natal, em Roma e em Milão. Preocupou-se, de início, com uma filosofia maniqueísta, que acreditava em dois princípios regentes do universo: o bem e o mal. Converteu-se depois ao cristianismo e tornou-se bispo de Hipona. Acreditava que o ser humano recebia de Deus um dom especial, uma fonte de inteligência que lhe ensejaria condições de percorrer os caminhos do bem. A isso, dava o

49

nome de Teoria da Iluminação. Iluminado por Deus, o mestre transmitia ao aluno os instrumentos que o ajudariam a encontrar, dentro de si mesmo, a verdade revelada. Toda a educação era provocada de fora para dentro, como Sócrates e Platão também acreditavam ser necessário.

A Escolástica teve em São Tomás de Aquino (1225-1274) seu apogeu. Agostinho aproximou-se mais da teoria platônica, enquanto Tomás foi um profundo conhecedor da teoria aristotélica. Tanto um como outro escreveram sobre a educação. As obras de ambos, dedicadas ao assunto, têm o mesmo nome: *De Magistro.* Tomás acreditava, como Aristóteles, que o ser humano é potência e ato. E que a educação é o caminho para que a potência se concretize em ato. Um caminho que faz com que o educando consiga atingir a verdade, superando a ignorância que leva ao erro e ao engano.

A verdade é o bem. E o bem é a ausência de pecado. Ou seja, aprende-se para conhecer o que é correto e o que conduz à felicidade. Não há felicidade longe de Deus. E é em Deus que o conhecimento ganha significado. Só há aprendizagem, quando há retidão. O homem educado é o homem reto.

CAPÍTULO 2 – O teocentrismo medieval e o antropocentrismo renascentista

Outro fator importante preconizado pela educação medieval é o teatro. O teatro sacro se propunha a confirmar a fé por meio do duelo entre a felicidade, que vem da harmonia espiritual, e o prazer efêmero, que decorre da ignorância do homem que busca no prazer a fonte da sua realização. Ao lado do teatro sacro, proliferavam as manifestações artísticas populares. O carnaval trazia uma representação teatral mais cômica. A comédia dos loucos arrastava pessoas que tinham como única finalidade o entretenimento, e não o desenvolvimento do espírito.

O Renascimento buscou a contraposição das ideias medievais colocando o homem, e não Deus, no centro das discussões filosóficas. O objetivo era o de formar o humanista, o homem culto que poderia frequentar a corte com elegância.

A educação virou moda, e os manuais sobre o assunto proliferaram, destinados a atender alunos e professores. Muitos colégios foram inaugurados. Os mais ricos e os membros da alta nobreza continuaram sendo educados em seus próprios castelos, enquanto a pequena nobreza e os comerciantes enviavam seus filhos para a escola na esperança de dar-lhes uma vida digna. Cobiçavam postos de liderança na política ou na administração privada.

A educação moral ganhava força, e os castigos corporais começaram a fazer parte da disciplina visando à formação de homens de bem. Na Idade Média isso não ocorria, e a relação entre adultos e crianças dava-se de forma muito mais natural. Até mesmo a arquitetura privilegiava essa convivência. A modernidade não tolerava essa mistura, como não tolerava também a indisciplina, que retardava o processo de aprendizagem.

No século XIV, um educador italiano, Vitorino da Feltre, fundou uma escola, a Casa Giocosa, cujo lema era: "Vinde, meninos, aqui se ensina, não se atormenta". *Giocosa* significa 'alegre'. Vem do latim *jocus*, que significa 'divertimento, jogo'. Sua escola preocupava-se com a sociabilidade e o autodomínio, de forma lúdica. As aulas de música, canto e pintura misturavam-se a esportes como equitação, natação e esgrima. Em lugar da rudeza dos castigos corporais, artes e esportes eram ministrados para formar o caráter. Assim, de um lado, temos os que defendiam a disciplina pelo medo e, de outro, os que acreditavam na harmonia de uma educação que sensibilizava e preparava os alunos para a conduta correta.

Martinho Lutero, no final do século XV, pugnou por uma educação primária para todas as crianças. A escola tinha de ser universal, embora ele aceitasse a distinção entre o que se deveria ensinar para as camadas trabalhadoras e para a elite. Recusava os castigos corporais e valorizava os exercícios físicos e artísticos. A música tinha espaço privilegiado em seu processo educativo.

No primeiro período, Inácio de Loyola fundou a Companhia de Jesus, aprovada pelo papa Paulo III, em 1540. O objetivo era, com rígida disciplina, lutar contra os infiéis e levar os valores cristãos para os confins da Terra. Da Europa partiram para a Ásia, a África e as Américas. Em pouco tempo, já tinham criado 150 colégios. Chegaram a 669 em 1749.

O estudo nessas escolas era rigoroso. Aprendiam os clássicos gregos e latinos e trabalhavam a eloquência. Tinham de conhecer com profundidade a gramática e memorizar textos considerados essenciais para o desenvolvimento do caráter. Os melhores alunos auxiliavam os demais, que aprendiam pela prática da repetição. Aos sábados, daí o nome de sabatina, as classes inferiores tinham de repetir as lições da semana toda. Outra característica do ensino dos jesuítas era a competição, entre os indivíduos e as classes: os melhores recebiam prêmios, e os piores eram apontados como perdedores.

A preocupação do contato dos alunos com os seus pais não era grande. Ao contrário, as férias eram poucas, e as visitas, restritas. Sabiam que a moral precisava de um tempo para ser solidificada, e os exemplos provenientes das famílias estavam muito aquém do que os jesuítas sonhavam para os seus alunos. Exatamente pela descrença de uma mudança radical na postura de vida dos adultos é que os jesuítas foram levados a se preocupar em educar as crianças. Os castigos físicos, às vezes, eram necessários e, para executá-los, buscava-se uma pessoa fora do colégio para realizar essa tarefa dolorosa: o "corretor".

CAPÍTULO 2 – O teocentrismo medieval e o antropocentrismo renascentista

Como cresceram muito e ganharam prestígio e poder, os jesuítas geraram polêmicas e crises em vários governos. Acabaram expulsos de Portugal e suas colônias pelo Marquês de Pombal. No Brasil, por exemplo, foram retirados em 1759. Eram considerados dogmáticos, autoritários e ultrapassados, sendo acusados de se preocupar com o poder político mais do que propriamente com o ensino.

Muitos pensadores de espírito renascentista trouxeram luz ao novo homem que nascia. Nicolau Maquiavel (1469--1527) fundou a ciência política moderna. Tendo participado do governo de Florença e conhecido grandes líderes políticos da época, preocupou-se em desmistificar e desmitificar o conceito de poder. Livre de mitos e deuses, o poder haveria de pertencer à esfera humana, e sua conquista e manutenção deveriam obedecer a duas questões básicas: *a fortuna e a virtù*. Por *fortuna*, entendia-se 'a sorte', 'a ocasião'. E por *virtù*, 'a capacidade de antevisão'. O homem virtuoso era aquele que, mesmo não tendo nascido filho de príncipe, conseguiu chegar ao poder porque soube valer-se dos meios necessários para esse fim. Chegar ao poder, porém, não bastava. Era preciso compreender que o poder não era algo que se possuía, mas um processo que ia e vinha, dependendo em parte da *virtù*. Muitos homens erravam por não perceberem o perigo dos aduladores, por se cercarem de maus ministros e por não acreditarem no próprio poder.

Maquiavel ficou conhecido como o pensador que admitia as piores ações para a conquista do poder. Na verdade, o desejo do autor de *O Príncipe* era apenas o de mostrar os meandros do poder. Muito mais do que criar uma teoria que construísse um conceito ético do dever-ser, o seu desejo era o de mostrar a realidade como ela era. Ao contrário de muitos outros pensadores contemporâneos a ele, que escreviam sobre utopias, Maquiavel preferia a realidade, os seus desafios e desatinos. O conhecimento era a grande arma para a conquista do poder. Por poder, pode-se entender a credibilidade, o respeito, a vitória. Na sua visão, esse era o maior desafio do ser humano.

Erasmo de Rotterdam (1467-1536) foi crítico contumaz da educação autoritária e cruel. Tratava com ironia o formalismo das universidades e valorizava os gregos por terem sabedoria sem presunção. Dava importância à literatura e à

CAPÍTULO 2 – O teocentrismo medieval e o antropocentrismo renascentista

estética. Em sua obra, *Elogio da Loucura,* critica a tirania e todas as formas de superstição que permitem aos espertos dominarem os crédulos. Tratando de educação, Erasmo defendia o respeito ao amadurecimento da criança. Era preciso que o prazer fizesse parte do processo educativo e que os castigos corporais fossem abandonados.

Michel de Montaigne (1533-1592), nascido de uma rica família francesa, teve uma educação primorosa. Mais tarde, elogiou o pai por ter escolhido preceptores competentes e dóceis. Como Erasmo, desprezava a educação que se utilizava de castigos corporais, bem como aqueles que se valiam de pedantismo acadêmico por se sentirem mais sábios. Para ele, a solução estava na educação integral, que favorecia a concepção de espíritos ágeis e críticos, que pudessem atuar com maior autonomia nas relações com a sociedade ou, em outras palavras, uma educação que permitisse formar gentis-homens.

Como Aristóteles, Montaigne acreditava em uma educação que desenvolvesse os bons hábitos. Os mestres e os alunos não seriam melhores por terem estudado mais. O estudo tinha o objetivo de desenvolver o bom-senso e a virtude. Aprender grego ou latim não significava nada se o grego e o latim aprendidos não ajudassem na construção de um homem melhor. A educação seria, assim, a garantia de uma sociedade formada por homens de bem.

O capítulo 43 da segunda parte d'*O engenhoso fidalgo D. Quixote de La Mancha*, de Cervantes*, estabelece um paralelo importante com o que falamos: de um lado, D. Quixote, homem letrado, aconselhando e censurando a má linguagem do escudeiro, recém-promovido a governador[1]; de outro, o pobre Sancho, a quem não bastasse o peso da nova responsabilidade, é diminuído ante a grandeza do conhecimento do amo, cujos conselhos, se numerosos, não consegue memorizar e, se escritos, não saberia ler:

1 - Como forma de gozação e divertimento de nobres, o rústico Sancho Pança é nomeado governador de uma ilha, porém governará com tanto realismo e senso prático que acaba por impressionar aos próprios zombadores.

Capítulo XLIII – Dos segundos conselhos que deu D. Quixote a Sancho Pança

[...]

"Janta pouco e ceia menos, que a saúde de todo o corpo se forja na oficina do estômago.

"Sê moderado no beber, considerando que o vinho em excesso nem guarda segredos, nem cumpre promessas.

"Toma cuidado em não comer a dois carrilhos[2] e a não eructar diante de ninguém."

– Isso de eructar é que eu não entendo – interrompeu Sancho.

– Eructar, Sancho, quer dizer arrotar, e este é dos vocábulos mais torpes que tem a nossa língua, apesar de ser muito significativo, e então a gente delicada apelou para o latim, e ao arrotar chama eructar; e ainda que alguns não entendam estes termos, pouco importa, que o uso os irá introduzindo com o tempo, de forma que facilmente se compreendam; e isto é enriquecer a língua, sobre a qual têm poder o vulgo e o uso.

---

2 - **Comer a dois carrilhos:** receber dinheiro ou vantagens em duplicidade (de origens diferentes e contrárias).

— Em verdade, senhor – disse Sancho –, um dos conselhos que hei de levar bem de memória é o de não arrotar, por ser uma coisa que faço muito a miúdo.

— Eructar, Sancho, e não arrotar – observou D. Quixote.

— Pois seja eructar, e assim direi daqui por diante.

— Também, Sancho, não metas a cada instante nas tuas falas uma caterva de rifões como costumas, que ainda que os rifões são sentenças breves, muitas vezes os trazes tanto pelos cabelos, que mais parecem disparates do que sentenças.

— A isso é que só Deus pode dar remédio – respondeu Sancho –, porque sei mais rifões que um livro, e acodem-me à boca juntos tantos quando falo, que bulham uns com os outros para sair, e a língua vai deitando para fora os primeiros que encontra, ainda que venham muito a pelo; mas terei conta daqui por diante em dizer só os que convierem à gravidade do meu cargo, que em casa cheia depressa se guisa a ceia, e quem parte não baralha, e a salvo está quem repica os sinos, e para dar e para ter muito siso é mister...

— Assim, Sancho – disse D. Quixote –, insere, enfia, encaixa rifões, que ninguém te vai à mão; minha mãe a castigar-me e eu a desmandar-me. Eu a dizer-te que não digas muitos rifões e tu a golfar

CAPÍTULO 2 – O teocentrismo medieval e o antropocentrismo renascentista

uma ladainha deles, que entram no que estamos falando como Pilatos no Credo. Olha, Sancho, eu não te digo que seja mau um rifão trazido a propósito; mas enfiar uma súcia de rifões a trouxe-mouxe torna a conversão decorada e baixa.

"Quando montares a cavalo, não deites o corpo para trás, nem leves as pernas tesas, estiradas e desviadas da barriga do cavalo, nem te desmanches tanto que pareça que vais no ruço, que o montar a cavalo a uns faz cavaleiros e a outros cavalariços.

"Seja moderado no dormir; quem não madruga com o sol não goza o dia; e repara, Sancho, que a diligência é mãe da boa ventura, e a preguiça, sua contrária, nunca chegou ao termo que pode um bom desejo.

"Este último conselho que te vou dar agora, ainda que não sirva para adorno do corpo, quero que o tenhas muito na memória; não te será de menos proveito, suponho, que os que até aqui te hei dado, e é: que nunca disputes em linhagens, pelo menos comparando-as entre si, pois por força, nas que se comparam, uma há de ser a melhor, e serás aborrecido por aquele a quem abateres, e não serás premiado pelo que exaltares.

"O teu fato deve ter calça inteira, gibão largo, capa, e nunca bragas, que não ficam bem, nem aos cavaleiros, nem aos governadores.

"Por agora isto me ofereceu aconselhar-te, Sancho; correrão os tempos, e, conforme o ensejo, assim te irei dando instruções, contanto que tenhas cuidado de me avisar do estrago em que te achares."

– Senhor – respondeu Sancho –, bem vejo que tudo quanto Vossa Mercê me disse são coisas boas e proveitosas, mas de que me servem elas, se de nenhuma me lembro? É verdade que não me esqueço de não deixar crescer as unhas e de casar logo que se ofereça ocasião, mas lá de todos esses badulaques e enredos e trapalhadas, lembro-me tanto como das nuvens do ano passado; e então, será mister que Vossa Mercê me dê tudo isso por escrito, que, apesar de não saber ler nem escrever, dou o papel ao meu professor, para que mos meta na cabeça e mos recorde sempre que for necessário ao meu bom governo.

– Ai! – respondeu D. Quixote – que mal me fica aos governadores não saberem ler nem escrever, porque o não saber um homem ler indica uma de duas coisas: ou que teve nascimento humilde e baixo, ou que foi travesso e tão mau, que lhe não pôde entrar na cabeça o bom costume nem a boa doutrina. Essa é uma grande falta e, assim, desejaria que ao menos aprendesse a assinar.

– Assinar o meu nome sei eu – respondeu Sancho –; quando fui bedel na minha terra aprendi a fazer letras semelhantes às marcas dos

❈ CAPÍTULO 2 – O teocentrismo medieval e o antropocentrismo renascentista

fardos, e diziam que era o meu nome; tanto mais que fingirei que tendo tolhida a mão direita, e farei com que outro assine por mim, que para tudo há remédio, menos para a morte, e tendo eu a faca e o queijo na mão, é o que basta; além disso, quem tem o pai alcaide... e eu ainda sou mais que alcaide, porque sou governador, e metam-se comigo e verão: podem vir buscar lã e voltar tosquiados; e mais vale quem Deus ajuda que quem muito madruga; e as tolices dos ricos passam por sentenças no mundo; e sendo eu rico, e governador e liberal, como tenciono ser, não haverá falta que pareça; nada, quem se faz mel as moscas o comem; tanto tens, tanto vales, dizia minha avó; e com teu amo não jogues peras.

– Maldito sejas, Sancho! – acudiu D. Quixote. – Sessenta mil satanases te levem a ti e aos teus rifões; há uma hora que os está enfiando uns nos outros, e cada um que proferes é um apunhalada que me dás. Eu te asseguro que esses rifões ainda te hão de levar à forca; por eles te hão de tirar o governo os teus vassalos. Dize-me aonde os vais tu buscar, ignorante? E como é que os aplicas, mentecapto? Que eu, para achar um só e aplicá-lo a propósito, suo e trabalho como se cavasse.

– Por Deus, senhor meu amo – tornou Sancho Pança –, Vossa Mercê, também, zanga-se com bem pouca coisa. Quem diabo se aflige por eu servir meus cabedais, que não tenho outros senão rifões e mais rifões? E agora, vinham-me à ideia quatro, que caíam mesmo como a sopa no mel, mas que não digo, porque ao bom silêncio chamam Sancho.[3]

– Pois lá essa, Sancho, não és tu – tornou D. Quixote –; não só não és o silêncio acertado, mas és a palração e a teima dispararadas: e, com tudo isso, sempre queria saber que rifões eram esses que te acudiam à ideia, e que vinham tanto a propósito, porque eu de nenhum me lembro.

– São excelentes – disse Sancho. – "Não te metas entre a bigorna e o martelo", "Há duas coisas que não têm resposta: ide-vos de minha casa, e o que quereis de minha mulher?"; "Se o cântaro bate na pedra, quem fica de mal é o cântaro"; e tudo vem a propósito. Não se metam com o governo, que é o mesmo que meter-se

---

3 - "Ao bom silêncio chamam santo", diz o rifão.

CAPÍTULO 2 – O teocentrismo medieval e o antropocentrismo renascentista

uma pessoa entre a bigorna e o martelo, ao que o governador diz não se deve replicar, como se não replica ao: "Ide-vos de minha casa, e o que quereis de minha mulher?" E o cântaro é fácil de perceber. Assim, é necessário que quem vê um argueiro nos olhos dos outros veja a trave nos seus, para que se não diga dele: "Disse a caldeira à sertã, tira-te lá, não me enfarrusques", e Vossa Mercê sempre ouviu dizer que mais sabe o tolo no seu que o avisado no alheio.

– Isso não, Sancho – respondeu D. Quixote –, o tolo nada sabe, nem no seu, nem no alheio, porque no cimento da tolice não assenta nenhum edifício discreto; e deixemos isto, Sancho, que, se mal governares, será tua a culpa, e minha a vergonha; mas consolo-me, que fiz o que devia, aconselhando-te com a verdade e a discrição que pude: com isto cumpro a minha obrigação e a minha promessa; Deus te guie, Sancho, e te governe, no teu governo, e me tire a mim do escrúpulo que me fica, de que hás de ferrar com a ilha em pantana, o que eu evitaria, dizendo ao duque quem tu és, e dizendo-lhe que toda essa gordura que tens não é senão um costal de malícias e de provérbios.

[...]

 *CERVANTES. "Conselhos de D. Quixote a Sancho Pança" (fragmento). In: *O engenhoso fidalgo D. Quixote de La Mancha*. Caps. XLII e XLIII. Disponível em: <http://www.senado.gov.br/senado/campanhas/conselhos/downloads/cervantes.pdf> Acesso em: 27 fev. 2014.

Capítulo 3

A educação contemporânea

Antes de apresentar seu modelo atual, o processo educacional sofreu a influência de numerosos pensadores antigos, modernos e contemporâneos, que, a exemplo de Maquiavel, ousaram propor questionamentos novos para o conhecimento e a ação humana.

Francis Bacon (1561- 1626), considerado um filósofo utópico, descreveu em sua obra, *A Nova Atlântida*, o caminho para que todas as pessoas pudessem se desenvolver na sociedade. Discorreu sobre a *Casa de Salomão,* um lugar privilegiado para onde os habitantes da imaginária ilha Nova Atlântida

CAPÍTULO 3 – A educação contemporânea

levariam o conhecimento disponível no mundo. Como todos tinham acesso a essa casa, era possível que convivessem em harmonia. Ainda segundo Bacon, quem possuía conhecimento detinha o poder; em outras palavras, saber era poder.

Galileu Galilei (1564-1642) valorizou o método da experimentação (empirismo), demonstrando que o conhecimento só poderia ser alcançado por meio dos sentidos. Dessa forma, fazia com que o saber rompesse a tradição racional, embasado em dogmas que não eram contestados porque não podiam sequer ser comprovados. O discurso mítico passou a dar lugar ao discurso de uma nova ciência, a crítica.

René Descartes (1596-1650) é considerado o pai da filosofia moderna. Contrapondo-se ao dogmatismo medieval, propôs um processo do conhecimento fundamentado na *dúvida metódica*. Acreditava que era preciso duvidar de tudo. Duvidar dos sentidos, dos argumentos de autoridade, das verdades aparentes que vinham da enganação do próprio corpo, das opiniões ou dos dogmas. Aquilo de que não se poderia duvidar era da possibilidade de duvidar: *cogito, ergo sum*; ou seja, duvido, logo existo. É a razão, e não os sentidos, que conduz o homem para o alcance da verdade. Os sentidos enganam; a razão, não. Seu pensamento era exatamente o contrário dos pensamentos de Francis Bacon e John Locke. Estes últimos acreditavam que o método correto, que decorria das experiências particulares, era o indutivo. Da experimentação dos sentidos se chegava à verdade. Para Descartes, o método era o dedutivo. De um conhecimento maior se chegava aos menores. Isto é, a razão precedia a experimentação. Descartes criticava os empiristas, afirmando que o homem não podia ser uma tábula rasa, ou seja, uma folha em branco sobre a qual a experiência sensível escreveria. O ser humano nasce com o conhecimento. As ideias são inatas. O papel da educação é apenas o de desenvolvê-las.

John Locke (1632-1704) foi um dos principais intérpretes do liberalismo. Uma teoria que se opunha ao absolutismo dos reis e defendia os anseios da burguesia. Defendia a iniciativa privada contra o abuso estatal.

CAPÍTULO 3 – A educação contemporânea

No estado de natureza, o homem era livre, e não havia força alguma que o subjugasse. A complexidade das relações fez com que se buscasse constituir um Estado, baseado em um pacto de boa convivência. Esse Estado não tem o poder de destruir os direitos naturais nem de sustentar um soberano que não tenha interesse público: o soberano deve ser servo desse interesse, e não o contrário. A questão democrática era fundamental, e o voto definia a possibilidade de outras pessoas, que não nascidas em famílias nobres, chegarem ao poder.

Locke valorizava a educação física, o cuidado com o corpo. Ele próprio tinha uma saúde frágil, era médico e via na educação uma fonte essencial de resistência física e moral. Propunha o tríplice desenvolvimento para a formação do homem: o físico, o moral e o intelectual. A sua pedagogia foi tachada de elitista porque não defendia uma educação universal. Pelo contrário, acreditava que a formação dos que iriam governar deveria ser diferente da dispensada àqueles que seriam governados.

Jean-Jacques Rousseau (1717-1778) propõe uma educação embasada no retorno do homem à natureza (o bom selvagem) e à sua espontaneidade natural. A civilização rouba o que o homem tem de melhor: o sentimento de piedade, que conduz sua vida à correção, evitando os vícios que corroem os sentimentos e a razão. Era preciso que o cidadão fosse capaz de desenvolver a sua liberdade para que, de forma natural, aceitasse um contrato que visasse ao bem comum. Liberdade sem obediência não edifica a pessoa nem a sociedade. E seria a educação a responsável por mostrar ao homem a importância de ser livre e, ao mesmo tempo, obediente.

Rousseau desprezava a ideia de que a criança seria um adulto em miniatura e enfatizava o conceito de que a educação precisaria se concentrar não no professor, mas no aluno. Em sua obra, *Emílio ou da Educação*, Rousseau, de forma romanceada, propõe um sistema educacional que permita ao indivíduo afastar-se da sociedade corruptora em que vive, aproximando-se do seu estado de bondade natural. Rousseau acredita que o homem é bom por natureza, mas sujeito à corrupção

CAPÍTULO 3 – A educação contemporânea

pela convivência social civilizatória; depois de iniciada a vida em sociedade, não conseguiria viver mais longe dela. Por isso, em obra anterior, Rousseau expõe a noção de "contrato social", por meio do qual os indivíduos, sem renunciar a seus direitos naturais, entram em acordo para a proteção desses direitos, constituindo, para esse fim, um Estado ideal, que representaria a unidade, resultante do consenso e da "vontade geral". Nesse contexto, a educação conseguiria cumprir o seu papel se permitisse ao homem perceber que, apesar de corrompido pelo meio em que vive, ele é, ainda assim, capaz de preservar o coração e a virtude longe do vício e do erro.

Os críticos de Rousseau afirmam que, apesar de correto quanto ao conteúdo do que se deve ensinar, a forma sugerida por ele seria profundamente elitista, comprometendo a garantia de uma educação para todos. Outro aspecto criticado diz respeito ao afastamento do indivíduo da sociedade, com o propósito de educá-lo. O homem é um animal social, e não haveria possibilidade de desenvolvimento humano longe da sociedade.

José de Alencar, escritor de prosa romântica, apresenta na figura do índio Peri os ideais do bom selvagem. Cabe a releitura da passagem final de sua obra *O Guarani**, em que o heroico, valente, bondoso e gentil Peri – diante do incêndio e da destruição que tomam conta da propriedade de D. Antônio de Mariz –, salva sua amada, Ceci, enfrentando a tormenta das águas de uma furiosa tempestade, flutuando em uma canoa construída de uma palmeira que, corajosa e apressadamente, arrancará do solo:

> A inundação crescia sempre; o leito do rio elevava-se gradualmente; as árvores pequenas desapareciam; e a folhagem dos soberbos jacarandás sobrenadava já como grandes moitas e arbustos.
>
> A cúpula da palmeira, em que se achavam Peri e Cecília, parecia uma ilha de verdura banhando-se nas águas da corrente; as palmas que se abriam formavam no centro um berço mimoso, onde os dois amigos, estreitando-se, pediam ao céu para ambos uma só morte, pois uma só era a sua vida.
>
> Cecília esperava o seu último momento com a sublime resignação evangélica, que só dá a religião do Cristo; morria feliz; Peri tinha confundido as suas almas na derradeira prece que expirara dos seus lábios.
>
> – Podemos morrer, meu amigo! – disse ela com uma expressão sublime. – Peri estremeceu; ainda nessa hora suprema seu espírito

CAPÍTULO 3 – A educação contemporânea

revoltava-se contra aquela ideia, e não podia conceber que a vida de sua senhora tivesse de perecer como a de um simples mortal.

– Não! – exclamou ele. – Tu não podes morrer.

A menina sorriu docemente.

– Olha! – disse ela com a sua voz maviosa –, a água sobe, sobe...

– Que importa! Peri vencerá a água, como venceu a todos os teus inimigos.

– Se fosse um inimigo, tu o vencerias, Peri. Mas é Deus... É o seu poder infinito!

– Tu não sabes? – disse o índio como inspirado pelo seu amor ardente –, o Senhor do céu manda às vezes àqueles a quem ama um bom pensamento.

---

 *ALENCAR, José de. *O Guarani*. São Paulo: Ciranda Cultural, 2009, p. 312.

Immanuel Kant (1724-1804), filósofo alemão, sintetizou o empirismo e o racionalismo, construindo uma nova forma de encarar o conhecimento. Sua obra foi profícua na busca da construção de um homem livre e responsável. É este o papel da educação, fazer com que, no tempo certo, o homem saia de sua inferioridade e enfrente a vida com coragem. Kant acreditava em uma educação que formasse para a responsabilidade. O homem só poderia se tornar homem pela educação. E ele seria apenas o que ela o tornasse. Insistia, como seus antecessores, na defesa de que o conhecimento, sem a moral, não resultaria em proveito algum. A moral é tão ou mais importante que a bagagem intelectual.

Kant abominava o processo educativo que tivesse o objetivo de adestrar a criança. A obediência deveria ser voluntária. À imposição, seria preferível um processo de convencimento que fizesse com que o aprendiz entendesse o porquê da obediência, antes de se submeter a ela. Isso também deveria fazer parte da construção da liberdade. O homem, depois de ter entendido os seus limites e desenvolvido a sua vontade, seria, então, capaz de ser útil à sociedade e a si próprio. E o ideal seria que o respeito às leis não acontecesse em decorrência das ameaças de penalidade, mas da crença nessa liberdade, que não se apequena em busca de caprichos individuais e, sim, agiganta-se na compreensão da própria humanidade.

Saindo do campo da filosofia, encontramos nos ensinamentos de um dos maiores educadores do século XVII, João Amós

CAPÍTULO 3 – A educação contemporânea

Comênio (1592-1670), considerado o pai da didática moderna, propostas pedagógicas hoje consagradas. Ele defendia uma educação universal. Acreditava no conceito de que era preciso ensinar tudo para todos. E mais do que isso, acreditava que o ensino deveria ser feito para a ação. Só se aprende a fazer algo, fazendo. E o aprendizado deve ser, portanto, uma ação com significância para a vida, e não apenas para a escola. O conhecimento puramente teórico perde sua finalidade porque não se torna significativo. Quando se aprende a fazer fazendo e se perpetra aquilo que a vida exige, o conhecimento encontra sua razão de ser, qual seja, melhora o homem e o mundo. Comênio era pastor protestante e acreditava que a religião desempenhava um papel essencial na formação da pessoa e na sua visão de mundo. Eis um trecho de sua *Didática Magna**:

> Que devem ser enviados às escolas não apenas os filhos dos ricos ou dos cidadãos principais, mas todos por igual, nobres, plebeus, ricos e pobres, rapazes e raparigas, em todas as cidades, aldeias e casas isoladas, demonstram-no as razões seguintes:

Em primeiro lugar, todos aqueles que nasceram homens, nasceram para o mesmo fim principal, para serem homens, ou seja, criatura racional, senhora das outras criaturas, imagem verdadeira do seu Criador. Todos, por isso, devem ser encaminhados de modo que, embebidos seriamente do saber, da virtude e da religião, passem utilmente a vida presente e se preparem dignamente para a futura. Que, perante Deus, não há pessoas privilegiadas. Ele próprio o afirma constantemente. Portanto, se nós admitimos à cultura do espírito apenas alguns, excluindo os outros, fazemos injúria, não só aos que participam conosco da mesma natureza, mas também ao próprio Deus, que quer ser conhecido, amado e louvado por todos aqueles em quem imprimiu a sua imagem. E isso será feito com tanto mais fervor, quanto mais acesa estiver a luz do conhecimento: ou seja, amamos tanto mais quanto mais conhecemos.

[...]

Importa agora demonstrar que, nas escolas, se deve ensinar tudo a todos. Isto não quer dizer, todavia, que exijamos de todos o conhecimento de todas as ciências e de todas as artes (sobretudo se se trata de um conhecimento exato e profundo). Com efeito, isso, nem, de sua natureza, é útil, nem, pela brevidade da nossa vida, é possível a qualquer dos homens.

CAPÍTULO 3 – A educação contemporânea

> [...]
> Pretendemos apenas que se ensine a todos a conhecer os fundamentos, as razões e os objetivos de todas as coisas principais, das que existem na natureza como das que se fabricam, pois somos colocados no mundo, não somente para que nos façamos de espectadores, mas também de atores.
>
> *COMÊNIO. *Didática magna*. Trad. e notas Joaquim Ferreira Gomes. Fundação Calouste Gulbekian, 2001, p. 127-8, 134-5. Disp. em: <http://www.ebooksbrasil.org/adobeebook/didaticamagna.pdf>. Acesso em: 13 mar. 2014.

Ser ator, e não espectador, era invariavelmente o sonho dos pensadores antropocêntricos. A educação precisava dar condições para que o homem pudesse se desenvolver, superando a si mesmo e àqueles que tentavam convencê-lo de sua eterna ignorância.

No Brasil, desde o descobrimento, encontramos agremiações escolares fundadas por missões religiosas. Dentre os jesuítas – que eram os mais atuantes –, carmelitas e franciscanos, destaca-se um dos maiores pensadores da época chamada moderna, o Padre Vieira. Padre Antônio Vieira fez de seus sermões uma vasta obra literária. Defendeu os indígenas e teve muitos problemas com os colonos que quiseram escravizá-los.

Em seu *Sermão de Santo Antônio aos Peixes*, pregado em São Luís – MA, em 1654 –, Padre Vieira* nos revela, por meio de sua ironia, os vícios e as virtudes humanas, comparando o homem, alegoricamente, aos peixes. Dias depois, o jesuíta embarca, às escondidas, para Portugal. Nessa época, Padre Vieira busca salvar os índios que estavam em luta contra colonizadores que desejavam a sua escravização:

Vos estis sal terrae.

S. Mateus, V. 13.

I

Vós, diz Cristo Senhor nosso, falando com os pregadores, sois o sal da terra: e chama-lhes sal da terra, porque quer que façam na terra o que faz o sal. O efeito do sal é impedir a corrupção; mas quando a terra se vê tão corrupta como está a nossa, havendo tantos nela que têm ofício de sal, qual será, ou qual pode ser a causa desta corrupção? Ou é porque o sal não salga, ou porque a terra se não deixa salgar. Ou

CAPÍTULO 3 – A educação contemporânea

é porque o sal não salga, e os pregadores não pregam a verdadeira doutrina; ou porque a terra se não deixa salgar e os ouvintes, sendo verdadeira a doutrina que lhes dão, a não querem receber. Ou é porque o sal não salga, e os pregadores dizem uma cousa e fazem outra; ou porque a terra se não deixa salgar, e os ouvintes querem antes imitar o que eles fazem, que fazer o que dizem. Ou é porque o sal não salga, e os pregadores se pregam a si e não a Cristo; ou porque a terra se não deixa salgar, e os ouvintes, em vez de servir a Cristo, servem a seus apetites. Não é tudo isso verdade? Ainda mal!

Suposto, pois, que ou o sal não salgue ou a terra se não deixe salgar; que se há-de fazer a este sal e que se há-de fazer a esta terra? O que se há-de fazer ao sal que não salga, Cristo o disse logo: *Quod si sal evanuerit, in quo salietur? Ad nihilum valet ultra, nisi ut mittatur foras et conculcetur ab hominibus.* "Se o sal perder a substância e a virtude, e o pregador faltar à doutrina e ao exemplo, o que se lhe há-de fazer, é lançá-lo fora como inútil para que seja pisado de todos."

Quem se atrevera a dizer tal cousa, se o mesmo Cristo a não pronunciara? Assim como não há quem seja mais digno de reverência e de ser posto sobre a cabeça que o pregador que ensina e faz o que deve, assim é merecedor de todo o desprezo e de ser metido debaixo dos pés, o que com a palavra ou com a vida prega o contrário.

Isto é o que se deve fazer ao sal que não salga. E à terra que não se deixa salgar, que se lhe há-de fazer? Este ponto não resolveu Cristo, Senhor nosso, no Evangelho; mas temos sobre ele a resolução de nosso grande português Santo António, que hoje celebramos, e a mais galharda e gloriosa resolução que nenhum santo tomou.

Pregava Santo António em Itália na cidade de Arimino, contra os hereges, que nela eram muitos; e como erros de entendimento são dificultosos de arrancar, não só não fazia fruto o santo, mas chegou o povo a se levantar contra ele e faltou pouco para que lhe não tirassem a vida. Que faria neste caso o ânimo generoso do grande António? Sacudiria o pó dos sapatos, como Cristo aconselha em outro lugar? Mas António com os pés descalços não podia fazer esta protestação; e uns pés a que se não pegou nada da terra não tinha que sacudir. Que faria logo? Retirar-se-ia? Calar-se-ia? Dissimularia? Daria tempo ao tempo? Isso ensinaria porventura a prudência ou a covardia humana; mas o zelo da glória divina, que ardia naquele peito, não se rendeu a semelhantes partidos. Pois o que fez? Mudou somente o púlpito e o auditório, mas não desistiu da doutrina. Deixa as praças, vai-se às praias; deixa a terra, vai-se ao mar, e começa a dizer a altas vozes: Já que me não querem ouvir os homens, ouçam-me os peixes. Oh maravilhas do Altíssimo! Oh poderes do que criou o mar e a terra! Começam a ferver as ondas, começam a concorrer os peixes, os grandes, os maiores, os pequenos, e postos todos por sua ordem com as cabeças de fora da água, António pregava e eles ouviam. [...]

II

Enfim, que havemos de pregar hoje aos peixes? Nunca pior auditório. Ao menos têm os peixes duas boas qualidades de ouvintes: ouvem e não falam. Uma só cousa pudera desconsolar o pregador, que é serem gente os peixes que se não há-de converter. Mas esta dor é tão ordinária, que já pelo costume quase se não sente. Por esta causa não falarei hoje em Céu nem Inferno; e assim será menos triste este sermão, do que os meus parecem aos homens, pelos encaminhar sempre à lembrança destes dois fins.

Vos estis sal terrae. Haveis de saber, irmãos peixes, que o sal, filho do mar como vós, tem duas propriedades, as quais em vós mesmos se experimentam: conservar o são e preservá-lo para que se não corrompa. Estas mesmas propriedades tinham as pregações do vosso pregador Santo António, como também as devem ter as de todos os pregadores. Uma é louvar o bem, outra repreender o mal: louvar o bem para o conservar e repreender o mal para preservar dele. Nem cuideis que isto pertence só aos homens, porque também nos peixes tem seu lugar. [...] Suposto isto, para que procedamos com clareza, dividirei, peixes, o vosso sermão em dois pontos: no primeiro louvar-vos-ei as vossas virtudes, no segundo repreender-vos-ei os vossos vícios. E desta maneira satisfaremos às obrigações do sal, que melhor vos está ouvi-las vivos, que experimentá-las depois de mortos.

[...] Estes e outros louvores, estas e outras excelências de vossa geração e grandeza vos pudera dizer, ó peixes; mas isto é lá para homens, que se deixam levar destas vaidades, e é também para os lugares em que tem lugar a adulação, e não para o púlpito.

Vindo pois, irmãos, às vossas virtudes, que são as que só podem dar o verdadeiro louvor, a primeira que se me oferece aos olhos hoje, é aquela obediência com que, chamados, acudistes todos pela honra

CAPÍTULO 3 – A educação contemporânea

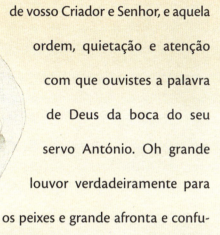

de vosso Criador e Senhor, e aquela ordem, quietação e atenção com que ouvistes a palavra de Deus da boca do seu servo António. Oh grande louvor verdadeiramente para os peixes e grande afronta e confusão para os homens! Os homens perseguindo a António, querendo-o lançar da terra e ainda do Mundo, se pudessem, porque lhes repreendia seus vícios, porque lhes não queria falar à vontade e condescender com seus erros, e no mesmo tempo os peixes em inumerável concurso acudindo à sua voz, atentos e suspensos às suas palavras, escutando com silêncio e com sinais de admiração e assenso (como se tiveram entendimento) o que não entendiam. Quem olhasse neste passo para o mar e para a terra, e visse na terra os homens tão furiosos e obstinados e no mar os peixes tão quietos e tão devotos, que havia de dizer? Poderia cuidar que os peixes irracionais se tinham convertido em homens, e os homens não em peixes; mas em feras. Aos homens deu Deus uso da razão, e não aos peixes; mas neste caso os homens tinham a razão sem o uso, e os peixes o uso sem a razão.

[...]

Vede, peixes, quão grande bem é estar longe dos homens. Perguntando um grande filósofo qual era a melhor terra do mundo, respondeu que a mais deserta, porque tinha os homens mais longe. Se isto vos pregou também Santo António – e foi este um dos benefícios de que vos exortou a dar graças ao Criador – bem vos pudera alegar consigo, que quanto mais buscava a Deus, tanto mais fugia dos homens. Para fugir dos homens deixou a casa de seus pais e se recolheu a uma religião, onde professasse perpétua clausura. E porque nem aqui o deixavam os que ele tinha deixado, primeiro deixou Lisboa, depois Coimbra, e finalmente Portugal. Para fugir e se esconder dos homens mudou o hábito, mudou o nome, e até a si mesmo se mudou, ocultando sua grande sabedoria debaixo da opinião de idiota, com que não fosse conhecido nem buscado, antes deixado de todos, como lhe sucedeu com seus próprios irmãos no capítulo geral de Assis. De ali se retirou a fazer vida solitária em um ermo, do qual nunca saíra, se Deus como por força o não manifestara e por fim acabou a vida em outro deserto, tanto mais unido com Deus, quanto mais apartado dos homens.

---

 *VIEIRA, Antônio. *Sermões*. Tomo I. São Paulo: Hedra, 2000, p. 317-22.

CAPÍTULO 3 – A educação contemporânea

Hegel (1770-1831), filósofo e teólogo alemão, foi grande entusiasta da Revolução Francesa e defendia – em vez de tentar estabelecer premissas que embasassem a perenidade do conhecimento do mundo – a instituição de critérios que proporcionassem ao homem a possibilidade de reflexão, variável de acordo com o seu tempo e as suas necessidades. Hegel não acreditava, assim, na determinação de uma verdade universal. O ser humano muda com o tempo, está em constante transformação, e a validade de sua verdade está diretamente ligada ao elemento temporal. Sendo assim, a história ocupava o lugar central de suas ideias, já que ele entendia que o fundamento de uma teoria se encontrava no contexto em que ela estava inserida, determinado pelo tempo e o espaço.

Caracterizava-se, assim, o processo de mutabilidade do homem. Esse processo compreendia outra vertente do pensamento hegeliano: a concepção de racionalidade humana. Os diversos contextos históricos são os responsáveis pelo progresso humano na busca da consciência de si: o autoconhecimento. O homem é um eterno vir-a-ser, sempre ligado ao seu tempo. Para que a sua realidade, em constante processo, fosse explicitada, Hegel desenvolveu a lógica dialética, processada em três etapas: tese, antítese e síntese.

O homem, segundo Hegel, é responsável por seu destino e pela sua felicidade, garantidos antes pelo conteúdo do que pelos métodos ou técnicas. Sendo assim, a natureza humana é construída do homem, firmado como sujeito em seu processo de autoconhecimento e livre atividade. O interesse pela educação sempre esteve presente na vida de Hegel, que chegou a ocupar cargos afetos à atividade pedagógica. Desconfiava das pedagogias formalistas, definidas em métodos e técnicas, e privilegiava os conteúdos da prática docente, determinantes na formação do homem pensante e autônomo. Defendia uma escola cultural, de currículo menor, mas profundo, voltado para a formação integral e harmônica do homem, em que razão e emoção convivessem em equilíbrio interior.

Friedrich Nietzsche (1844-1900), filósofo alemão, embora não tivesse escrito obras específicas sobre educação, desenvolveu um pensamento crítico em relação aos métodos de aprendizagem de seu tempo, que, segundo ele, não apresentavam nenhuma significância para a vida e se achavam afastados da

CAPÍTULO 3 – A educação contemporânea

realidade. Uma educação que formava um homem de teoria, distanciando a vida do pensamento. Para ele, uma educação intelectualizada e elitista poderia criar homens superiores e mais livres. Colocava-se contra a educação estatal, massificadora e mediocrizante, que formava homens conformistas e ignorantes. Dar a todos o direito de aprender a ler só ajudaria a corromper a escrita e, depois, o pensamento.

Sonhava com um ideal de educação que estivesse a serviço da vida, das necessidades do homem, do desenvolvimento do senso crítico, e que fosse útil para a melhoria do modo de viver dos indivíduos. Por outro lado, condenava a erudição dos saberes e o projeto pedagógico voltado aos interesses do Estado. A educação para ele, influenciado pelos gregos, deveria desenvolver corpo e espírito harmoniosamente, sem nenhuma disjunção.

Karl Marx (1818-1883) acreditava que tudo o que havia na sociedade era determinado por uma questão socioeconômica. Os interesses que movem a sociedade seriam interesses puramente materiais. Os que dominam buscam o lucro; e os dominados, a sobrevivência. A questão educacional precisaria respeitar o princípio básico de que o homem não é uma coisa, mas uma pessoa, e como tal não pode ser objeto de uma vida opressiva, mas sujeito de uma história em construção. Reflete que o fundamental para a filosofia não seria contemplar o mundo, mas mudá-lo, transformá-lo.

Mesmo os mecanismos da história e da cultura se moveriam em função das relações materiais de produção e de distribuição de mercadorias vigentes em cada sociedade. Segundo Marx, o trabalho, que deveria conferir dignidade, faz com que uns explorem os outros. Para ele, a sociedade é dividida em superestrutura e infraestrutura. A superestrutura seria composta pelas instituições, como a família, a escola, a cultura, que, por sua vez, seriam desenvolvidas de acordo com a infraestrutura, formada pelo conjunto das condições econômicas.

Em seu *Manifesto Comunista*, Marx* faz uma análise da formação social ao longo da história:

CAPÍTULO 3 – A educação contemporânea

Até hoje, a história de todas as sociedades que existiram até nossos dias tem sido a história das lutas de classes.

Homem livre e escravo, patrício e plebeu, barão e servo, mestre de corporação e companheiro, numa palavra, opressores e oprimidos, em constante oposição, têm vivido numa guerra ininterrupta, ora franca, ora disfarçada; uma guerra que terminou sempre, ou por uma transformação revolucionária da sociedade inteira, ou pela destruição das suas classes em luta.

Nas primeiras épocas históricas, verificamos, quase por toda parte, uma completa divisão da sociedade em classes distintas, uma escala graduada de condições sociais. Na Roma Antiga encontramos patrícios, cavaleiros, plebeus, escravos; na Idade Média, senhores, vassalos, mestres, companheiros, servos; e, em cada uma destas classes, gradações especiais.

A sociedade burguesa moderna, que brotou das ruínas da sociedade feudal, não aboliu os antagonismos de classes. Não fez senão substituir novas classes, novas condições de opressão, novas formas de luta às que existiram no passado.

Entretanto, a nossa época, a época da burguesia, caracteriza-se por ter simplificado os antagonismos de classes. A sociedade divide-se cada vez mais em dois vastos campos opostos, em duas grandes classes diametralmente opostas: a burguesia e o proletariado.

> [...]
>
> As relações burguesas de produção e de troca, o regime burguês de propriedade, a sociedade burguesa moderna, que conjurou gigantescos meios de produção e de troca, assemelha-se ao feiticeiro que já não pode controlar as potências internas que pôs em movimento com suas palavras mágicas. Há dezenas de anos, a história da indústria e do comércio não é senão a história de revolta das forças produtivas modernas contra as modernas relações de produção e de propriedade que condicionam a existência da burguesia e seu domínio. Basta mencionar as crises comerciais que, repetindo-se periodicamente, ameaçam cada vez mais a existência da sociedade burguesa. Cada crise destrói regularmente não só uma grande massa de produtos já fabricados, mas também uma grande parte das próprias forças produtivas já desenvolvidas. [...]
>
> ---
>
> *MARX & ENGELS. *Manifesto do partido comunista.* Petrópolis: Vozes, 1996, p. 66-7, 71.

A educação surgida dessa reflexão marxista influenciou países e culturas, na tentativa de assegurar condições iguais para que todos pudessem aprender e dar sua contribuição ao Estado. O resultado do processo de aprendizagem, bem como das escolhas,

CAPÍTULO 3 – A educação contemporânea

deveria obedecer ao critério da necessidade de todos. Não se muda o homem se o Estado não deixar de tratá-lo como coisa. Jean-Paul Sartre (1905-1980) afirmava que o homem era condenado à liberdade. A existência deveria ser a responsabilidade de fazer o correto sem dar desculpas. O processo educacional deveria ajudar o ser humano a perceber o seu papel no mundo independentemente de outras influências que se exercem sobre ele. Até certo momento, as desculpas pelas falhas dos outros são admitidas, mas chega um ponto em que é preciso caminhar com os próprios pés e não lamentar o que a sociedade fez ou deixou de fazer com cada um de nós. Isso é o que menos importa. O que importa é o que cada um faz com o que a sociedade fez, argumentava Sartre.

A liberdade traz um grande problema. No determinismo, não se assumem responsabilidades, nem por erros nem por acertos. Cada um é o que decidiram que fosse. A liberdade não aceita esse condicionamento. O homem é o que ousa ser. E uma escola não terá sentido se não compreender essa finalidade existencial.

Sêneca* (4 a.C. – 65 d.C.) e Fernando Pessoa** (1888-1935) nos brindam com dois textos – uma epístola e um poema – sobre escolhas e liberdade:

Das boas companhias

Sêneca saúda o amigo Lucílio

Mentem aqueles que querem mostrar ser a grande quantidade de negócios o impedimento para se dedicar aos estudos. Simulam ocupações e as aumentam, mas só se ocupam consigo mesmos. Eu sou livre, Lucílio, sou livre e, onde quer que esteja, me pertenço. Não me dou às coisas, apenas as aproveito, e nem busco razões para perder tempo. Eu me aquieto em algum lugar, onde me entrego aos meus pensamentos e medito sobre qualquer coisa útil.

Quando me dedico aos amigos, também não me distraio de mim mesmo, nem me entretenho com aqueles que alguma circunstância ou causa oficial nascida dos assuntos públicos me reuniu, mas me detenho com os melhores. A eles, em qualquer lugar, em qualquer século que tenham existido, dirijo o meu espírito.

Sempre trago comigo Demétrio[4], o melhor dos homens, e, abandonando os homens de toga púrpura, falo como um despojado: eu o admiro. Por que não admirá-lo? Vejo que nada lhe falta. Alguém

---

4 - Demétrio, o Cínico (séc. I d.C.), como é costume de sua escola, andava seminu e desprezava as convenções sociais; se escreveu, as obras não se conservaram. É conhecido principalmente pelas referências de Sêneca, que lhe elogiava a grande sabedoria.

CAPÍTULO 3 – A educação contemporânea

pode desprezar todas as coisas, mas ninguém pode ter tudo. O caminho mais rápido para a riqueza é desprezá-la. O nosso Demétrio vive assim: não despreza todas as coisas, mas deixa a posse delas aos outros. Passa bem!

*SÊNECA. *Aprendendo a viver.* Trad. Lúcia Sá Rebello. Porto Alegre: L&PM, 2011, p. 54.

Liberdade

16-3-1935

(Falta uma citação de Sêneca)[5]

Ai que prazer

Não cumprir um dever,

Ter um livro para ler

E não o fazer!

Ler é maçada,

Estudar é nada.

---

5 - Essa citação de Sêneca, que deveria constar logo abaixo do título, Fernando Pessoa nunca a escreveu, restando no original apenas o lembrete [N.E.].

O sol doira

Sem literatura.

O rio corre, bem ou mal,

Sem edição original

E a brisa, essa,

De tão naturalmente matinal,

Como tem tempo não tem pressa...

Livros são papéis pintados com tinta.

Estudar é uma coisa em que está indistinta

A distinção entre nada e coisa nenhuma.

Quanto é melhor, quando há bruma,

Esperar por D. Sebastião,

Quer venha quer não!

CAPÍTULO 3 – A educação contemporânea

> Grande é a poesia, a bondade e as danças...
>
> Mas o melhor do mundo são as crianças,
>
> Flores, música, o luar e o sol, que peca
>
> Só quando, em vez de criar, seca.
>
>
> O mais do que isto
>
> É Jesus Cristo,
>
> Que não sabia nada de finanças
>
> Nem consta que tivesse biblioteca...

**PESSOA, Fernando. *Poemas escolhidos*. São Paulo: O Estado de S.Paulo/Klick editora, 1997, p. 178 (Coleção Ler é aprender).

Nos últimos 150 anos, complexas formas de representação do homem vieram enriquecer o pensamento. Se o liberalismo punha ênfase no indivíduo e na liberdade, na segunda metade do século XIX, na Europa, ganhou força o positivismo de Auguste Comte (1798-1857). Ele opôs-se ao individualismo, dando destaque à coletividade, mas conservou uma certa separação básica entre indivíduo e sociedade. No plano da ciência, Comte deu grande evidência ao problema do "método". Propôs que os cientistas deixassem a busca pela "totalidade", pela "essência das coisas", para investigar a realidade material, empírica e particular de cada ciência, com seu objeto e meios próprios. É nesse período que surgem as ciências particulares: "sociologia", "geografia", "antropologia", mais tarde "linguística" etc. Émile Durkheim (1858-1917), fundador da sociologia, adota a cisão comteana entre indivíduo e sociedade e dá a esta um caráter coercitivo. É célebre sua definição de fato social: *"É fato social toda maneira de agir fixa ou não, suscetível de exercer sobre o indivíduo uma coerção exterior [...]"*.

A seguir, "a linguagem" passará a ter, no campo científico, uma importância inaudita: a linguística de Ferdinand de Saussure (1857-1913) irradiará suas significações para todos os campos, da psicanálise de Lacan à antropologia de Lévi-Strauss. Copartícipe dessa exorbitação da linguagem, o filósofo austríaco Ludwig Wittgenstein (1889-1951), em suas *Investigações filosóficas*, revisa-se a si mesmo e corrige as concepções do *Tractatus logico-philosophicus*, passando a reconhecer

---

*DURKHEIM. *As regras do método sociológico*. São Paulo: Cia. Editora Nacional, 2002, p. 11.

na linguagem outras funções além da de representar o mundo. Percebe que a linguagem serve para comandar, produzir objetos segundo um plano, relatar um fato, provar algo, ler, representar uma peça de teatro. Indo além de Wittgenstein, Jürgen Habermas (1929-) leva o pragmatismo linguístico para a análise da sociedade, criando sua "teoria da ação comunicativa": a linguagem, a competência comunicativa é o que distingue o homem dos demais seres da natureza. Habermas distingue duas esferas de ação humana: o *sistema* e o *mundo da vida*. No sistema, predomina a "razão cognitivo-instrumental", que vincula meios a fins, criando laços hierárquicos que regem as relações materiais como o trabalho, as manobras da política e os intercâmbios da economia; no mundo da vida, predomina a "razão comunicativa", em que se estabelecem laços simbólicos intersubjetivos, não hierárquicos, entre indivíduos simetricamente postos numa situação de equilíbrio. Criticando autores do passado (até mesmo seus colegas de escola de Frankfurt, Adorno e Horkheimer), que se fixaram por demais apenas nessa racionalidade da "dominação", ele denuncia uma certa colonização do *mundo da vida* pelo *sistema* – isto é, uma interferência que contamina o agir comunicativo com cálculos egocêntricos. Assim, propõe que retomemos a esfera do *mundo da vida* como lugar privilegiado dos seres humanos, o que pode levar, pela coordenação de indivíduos linguisticamente competentes, ao consenso e ao entendimento mútuo numa linha de ação.

O positivismo de Comte, os fenômenos sociais na análise de Durkheim, a importância da linguagem de Wittgenstein, o Círculo de Viena, o essencialismo, o existencialismo, a escola de Frankfurt, o pós-modernismo, a complexidade de Habermas – fazem que a filosofia contemporânea se avigore, tentando dar sentido à presença do homem no mundo e a compreender o intrincado universo das suas relações. Desse modo, acaba por ter implicações no âmbito da educação, contribuindo para aprofundar a análise reflexiva e crítica da atividade educacional, de forma a definir os fundamentos, objetivos e métodos do processo de ensino e aprendizagem, como componente essencial da vida e da condição humana. Herdeiro desses últimos desenvolvimentos, o pensador Edgar Morin, ao longo das últimas décadas, desenvolveu uma extensa reflexão sobre a educação, criando a "teoria da complexidade". Ele preocupa-se com o problema das especializações fechadas em sua particularidade, defendendo a importância do pensamento integral, voltado à "totalidade", que possa congregar o local e o universal. Para uma tal educação, do futuro, a fim de inspirar os educadores, ele enumerou sete saberes ou eixos necessários: as cegueiras do conhecimento; os princípios do conhecimento pertinente; a condição humana; a identidade terrena; as incertezas; a compreensão; e a ética.

Capítulo 4

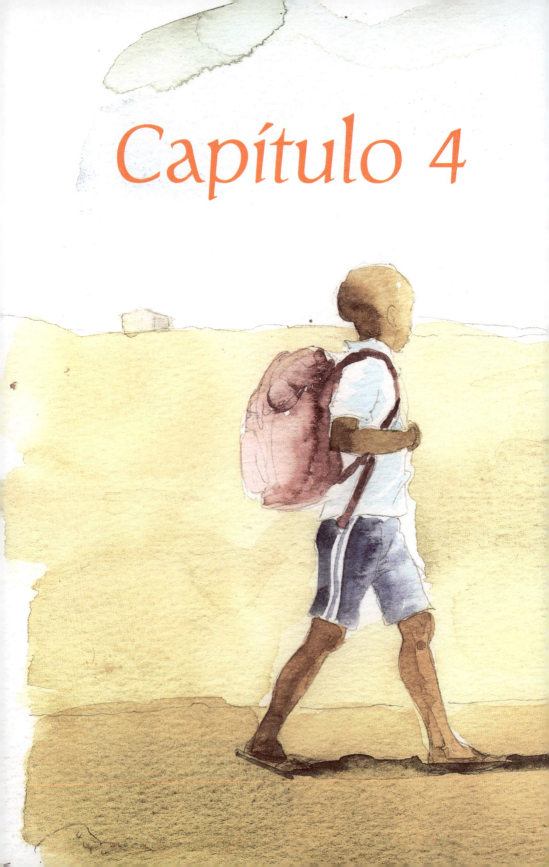

A escola com que sonhamos

Essa viagem pelas inquietações filosóficas e pelas teorias pedagógicas ajuda-nos a desenhar o cenário da escola com que sonhamos. As experiências que aqui travamos de forma universal também exerceram influência no Brasil.

Muito do que foi dito, na história, foi reescrito. Pensadores que acreditavam ter propostas mais viáveis para o desenvolvimento das habilidades humanas, muitas vezes, assentavam suas próprias convicções em reflexões feitas a partir de conceitos emitidos por outros pensadores. No universo da educação alguns

CAPÍTULO 4 – A escola com que sonhamos

valores serviram recorrentemente como base da opinião de muitos pensadores ao longo da história. É senso comum afirmar que os gregos sabiam de tudo e que nós apenas recriamos.

Tal procedimento – fazer ou conceber algo novo apoiando-se em ações ou ideias do passado – é muito comum. Isso nos ensina Maquiavel que, desempregado, após descrever seu miserável dia a dia, na mesma carta em que pede emprego, nos mostra, em compensação, a riqueza de suas horas de leitura:

Chegando a noite, de volta à casa, entro no meu escritório: e na porta dispo as minhas roupas cotidianas, sujas de barro e de lama, e visto as roupas de corte ou de cerimônia, e, vestido decentemente, penetro na antiga convivência dos grandes homens do passado; por eles acolhido com bondade, nutro-me daquele alimento que é o único que me é apropriado e para o qual nasci. Não me envergonho de falar com eles, e lhes pergunto da razão das suas ações, e eles humanamente me respondem; e não sinto durante quatro horas aborrecimento algum, esqueço todos os desgostos, não temo a pobreza, não me perturba a morte: transfundo-me neles por completo.

MAQUIAVEL. "Carta a Francesco Vettori, 15/12/1513." In: *O príncipe*. Escritos políticos. Trad. Livio Xavier. São Paulo: Nova cultural, 1996, p. 141.

Para concluir esse trabalho, sem a pretensão de exaurir o tema ou de dar uma receita – justo eu que tanto critico as receitas em educação –, pontuo alguns elementos que podem ajudar a construir a escola dos nossos sonhos.

1 – O prédio escolar há de ser acolhedor

Não há necessidade de se construir escolas faraônicas. Uma escola deve ser simples, mas funcional. O aluno precisa sentir-se bem. Espaços de convivência, como teatro, biblioteca, área esportiva ou laboratório de tecnologias, podem promover uma relação contínua de aprendizagem.

A disposição das salas de aula não deve obedecer a padrões rígidos. A comodidade e a funcionalidade devem ter primazia sobre o paradigma do professor que, em pé, fala a alunos sentados em fileiras à sua frente. Essa, aliás, foi uma prática que se iniciou na Idade Moderna. Os antigos, os medievais, como vimos, ensinavam caminhando ou com os alunos dispostos em círculo, debatendo, o que favorece mais a reflexão.

Como sugestão, uma sala de aula poderia ser dividida em estações: uma estação com algumas mesas em que os alunos sentassem em grupos, outra estação com um pequeno ambiente de biblioteca e algumas almofadas para leitura, outra com dois ou três computadores, outra com um televisor e um aparelho de DVD. No caso de crianças menores, alguns brinquedos pedagógicos. Enfim, a definição é da própria escola, dependendo da idade e do perfil dos alunos. O importante é que eles não necessitam fazer as mesmas coisas juntos. Enquanto alguns pesquisam na Internet, outros resolvem um problema, outros buscam a solução nos livros, e assim por diante. O jardim da escola também pode ser um privilegiado local de aprendizagem.

2 – O conceito de escola necessita ser ampliado

A escola não se esgota em seus portões. É importante e necessário que o aluno frequente outros espaços do seu bairro, da sua cidade, e aprenda em outras frentes, em conexão com outros lugares e serviços que apresentem potencial instrutivo.

A oferta de atividades educacionais em teatros, museus, cinemas, parques, rios, câmaras de vereadores, zoológicos, praças, dentre outras, pode complementar as oportunidades de aprendizagem. Além de contribuir para a melhoria do meio em que se vive, as intervenções na cidade, vindas da escola, ajudam a compreender a importância da ação educativa na melhoria do espaço que é de todos.

3 – O currículo há de ser repensado e discutido

O currículo não pode estar engessado, tampouco ser imposto. Precisa ser construído pelos educadores em ação conjunta com a comunidade escolar. As disciplinas não devem compartimentar o conhecimento. Trabalhos com temas interdisciplinares tornam possível o diálogo entre as várias áreas do conhecimento. A escola em tempo integral pode muito

CAPÍTULO 4 – A escola com que sonhamos

bem servir ao intento de se ampliar a oferta de oportunidades de aprendizagem, por meio de estudos de outros idiomas, práticas desportivas, oficinas de artes, atividades de reforço, entre outras ações extracurriculares.

4 – As práticas democráticas conduzem à educação libertadora

Não se pode ensinar a importância da liberdade sem permitir que o aluno seja livre. As manifestações de organização estudantil devem ser incentivadas para que o aluno compreenda sua atuação como líder em construção. Da mesma forma devem ser tratadas iniciativas de professores que busquem tornar mais rica e significativa a sua função social de educar. Pasteurizar a educação é destruir a liberdade criativa do professor. Sobre isso, instrui-nos Paulo Freire, em sua obra *Pedagogia da Autonomia*, quando afirma que a reflexão cotidiana sobre a prática leva-nos a sonhar com uma educação libertadora. Também, Comênio* nos mostra que, sendo a educação uma tão difícil arte, tal "arte das artes está em formar o homem, o qual é o mais versátil e o mais complexo de todos os animais". Daí, é necessário que cada um tome livremente sua parte:

> O assunto é realmente da mais séria importância e, assim como todos devem augurar que ele se concretize, assim também todos devem examiná-lo com bom senso, e todos, unindo as suas próprias forças, o devem impulsionar, pois dele depende a salvação de todo o gênero humano. [...] Ensinar a arte das artes é, portanto, um trabalho sério e exige perspicácia de juízo, e não de apenas um só homem, mas de muitos, pois um só homem não pode estar tão atento que lhe não passem desapercebidas muitíssimas coisas.
>
> *COMÊNIO. *Didática magna*. Trad. e notas Joaquim Ferreira Gomes. Fundação Calouste Gulbekian, 2001, p. 14-5. Disp. em: <http://www.ebooksbrasil.org/adobeebook/didaticamagna.pdf>. Acesso em: 13 mar. 2014.

5 – Educadores: as grandes lideranças do processo ensino-aprendizagem

O espaço educacional necessita ser um espaço de educação. Parece redundância, mas isso não acontece em muitas escolas.

CAPÍTULO 4 – A escola com que sonhamos

O educador tem de dar o exemplo, e o aluno tem de ter limites. A liberdade não significa permissividade. O aluno precisa perceber os limites que se impõem tanto na escola como na sua vida. Esses limites devem ser entendidos como necessários e provenientes da autoridade do professor que necessita ser respeitado para exercer com liderança e competência o seu mister. A educação também é observada pela limpeza e o cuidado para com o ambiente escolar. O aluno que suja a escola necessariamente vai sujar a rua. Seu aprendizado não foi concretizado, e isso mostra a falência do ensino. Escolas destruídas, sujas, malcuidadas, mostram o descaso dos governos ou das instituições de ensino particulares por elas responsáveis, bem como dos educadores e alunos que delas se utilizam.

O professor precisa usar o tom adequado. Não é admissível que se valha de gracejos preconceituosos. É a liturgia da profissão. Se o professor não se respeitar, fica muito difícil que a sociedade o respeite.

Vale a pena resgatar uma das páginas de nossa literatura, riquíssima para reflexão dos educadores. Trata-se da narrativa do primeiro dia de aula de nosso anti-herói nacional, Leonardinho, mestre da desordem e da traquinagem, protagonista da obra *Memórias de um Sargento de Milícias*, do escritor pré-realista Manuel Antônio de Almeida*. Embora se reportem à escola do século XIX, algumas das cenas descritas ainda são reproduzidas em parte de nossas escolas:

Capítulo XII – Entrada para a escola

É mister agora passar em silêncio sobre alguns anos da vida do nosso memorando para não cansar o leitor repetindo a história de mil travessuras de menino no gênero das que já se conhecem; foram diabruras de todo o tamanho que exasperaram a vizinha, desgostaram a comadre, mas que não alteram em coisa alguma a amizade do barbeiro pelo afilhado: cada vez esta aumentava, se era possível, tornava-se mais cega. Com ele cresciam as esperanças do belo futuro com que o compadre sonhava para o pequeno, e tanto mais que durante este tempo fizera este alguns progressos: lia soletrando sofrivelmente,

CAPÍTULO 4 – A escola com que sonhamos

e por inaudito triunfo da paciência do compadre aprendera a ajudar missa. A primeira vez que ele conseguiu praticar com decência e exatidão semelhante ato, o padrinho exultou; foi um dia de orgulho e de prazer: era o primeiro passo no caminho para que ele o destinava.

– E dizem que não tem jeito para padre, pensou consigo; ora acertei o alvo, dei-lhe com a balda. Ele nasceu mesmo para aquilo, há de ser um clérigo de truz. Vou tratar de metê-lo na escola, e depois... toca.

Com efeito foi cuidar disso e falar ao mestre para receber o pequeno; morava este em uma casa da rua da Vala, pequena e escura.

Foi o barbeiro recebido na sala, que era mobiliada por quatro ou cinco longos bancos de pinho sujos já pelo seu uso, uma mesa pequena que pertencia ao mestre, e outra maior onde escreviam os discípulos, toda cheia de pequenos buracos para os tinteiros; nas paredes e no teto havia penduradas uma porção enorme de gaiolas de todos os tamanhos e feitios, dentro das quais pulavam e cantavam passarinhos de diversas qualidades: era a paixão predileta do pedagogo.

Era este um homem todo em proporções infinitesimais, baixinho, magrinho, de carinha estreita e chupada, excessivamente calvo, usava de óculos, tinha pretensões de latinista, e dava 6 bolos nos discípulos por dá cá aquela palha. Por isso era um dos mais acreditados na cidade.

O barbeiro entrou acompanhado pelo afilhado, que ficou um pouco escabriado à vista do aspecto da escola, que nunca tinha imaginado. Era em um sábado; os bancos estavam cheios de meninos, vestidos quase todos de jaqueta ou robissões de lila, calças de brim escuro e uma enorme pasta de couro ou papelão pendurada por um cordel a tiracolo; chegaram os dois exatamente na hora da tabuada cantada. Era uma espécie de ladainha de números que se usava então nos colégios, cantada todos os sábados em uma espécie de cantochão monótono e insuportável, mas de que os meninos gostavam muito.

As vozes dos meninos, juntas ao canto dos passarinhos, faziam uma algazarra de doer os ouvidos; o mestre, acostumado àquilo, escutava impassível, com uma enorme palmatória na mão, e o menor erro que algum dos discípulos cometia não lhe escapava no meio de todo o barulho; fazia parar o canto, chamava o infeliz, e emendava cantando o erro cometido, e cascava-lhe pelo menos seis puxados bolos.

Era o regente da orquestra ensinando a marcar o

CAPÍTULO 4 – A escola com que sonhamos

compasso. O compadre expôs, no meio do ruído, o objeto de sua visita, e apresentou o pequeno ao mestre.

– Tem muito boa memória; soletra já alguma coisa, não lhe há de dar muito trabalho, disse com orgulho.

– E se mo quiser dar, tenho aqui o remédio; santa férula! disse o mestre brandindo a palmatória.

O compadre sorriu-se, querendo dar a entender que tinha percebido o latim.

– É verdade: faz santos até as feras, disse traduzindo.

O mestre sorriu-se da tradução.

– Mas espero que não há de ser necessária, acrescentou o compadre.

O menino percebeu o que tudo isto queria dizer, e mostrou não gostar muito.

– Segunda-feira cá vem, e peço-lhe que não o poupe, disse por fim o compadre despedindo-se. Procurou pelo menino e já o viu na porta da rua prestes a sair, pois que ali não se julgava muito bem.

– Então, menino, sai sem tomar a bênção do mestre?...

O menino voltou constrangido, tomou de longe a bênção, e saíram então.

Na segunda-feira voltou o menino armado com a sua competente pasta a tiracolo, a sua lousa de escrever e o seu tinteiro de chifre; o padrinho o acompanhou até a porta. Logo nesse dia portou-se de tal maneira que o mestre não pôde dispensar de lhe dar quatro bolos, o que lhe fez perder toda a folia com que entrara: declarou desde esse instante guerra viva à escola. Ao meio-dia veio o padrinho buscá-lo, e a primeira notícia que ele lhe deu foi que não voltaria no dia seguinte, nem mesmo aquela tarde.

– Mas você não sabe que é preciso aprender?...

– Mas não é preciso apanhar...

– Pois você já apanhou?...

– Não foi nada, não, senhor; foi porque entornei o tinteiro na calça de um menino que estava ao pé de mim; o mestre ralhou comigo, e eu comecei a rir muito...

– Pois você vai-se rir quando o mestre ralha...

Isto contrariou o mais que era possível ao barbeiro. Que diabo não diria a maldita vizinha quando soubesse que o menino tinha apanhado logo no primeiro dia de escola?... Mas não havia reclamações, o que o mestre fazia era bem-feito. Custou-lhe bem a reduzir o menino a voltar nessa tarde à escola, o que só conseguiu com a promessa de

CAPÍTULO 4 – A escola com que sonhamos

que falaria ao mestre para que ele lhe não desse mais. Isto porém não era coisa que se fizesse, e não foi senão um engodo para arrastar o pequeno. Entrou este desesperado para a escola, e por princípio nenhum queria estar quieto e calado no seu banco; o mestre chamou-o e pô-lo de joelhos a poucos passos de si; passado pouco tempo voltou-se distraidamente, e surpreendeu-o no momento em que ele erguia a mão para atirar-lhe uma bola de papel. Chamou-o de novo, e deu-lhe uma dúzia de bolos.

– Já no primeiro dia, disse, você promete muito...

O menino resmungando dirigiu-lhe quanta injúria sabia de cor.

Quando o padrinho voltou de novo a buscá-lo achou-o de tenção firme e decidida de não se deixar engodar por outra vez e de nunca mais voltar, ainda que o rachassem.
O pobre homem azoou com o caso.

– Ora logo no primeiro dia!... disse consigo; isto é praga daquela maldita mulher... mas hei de teimar, e vamos ver quem vence.

---

*ALMEIDA, Manuel Antônio de. *Memórias de um sargento de milícias*. São Paulo: O Estado de S.Paulo/Klick editora, 1997, p. 46-8.

6 – A importância de uma gestão competente

O diretor da escola é a figura central para o bom relacionamento da comunidade escolar. Sua postura e liderança são essenciais para que professores, alunos, funcionários e pais sintam segurança por terem optado por um local correto de trabalho ou de estudo. O diretor há de ser um líder. Ele deve conduzir com mestria toda a escola e a comunidade escolar. É alguém que necessita saber delegar e cobrar. Para tanto ele precisa ter profundo conhecimento administrativo e pedagógico. Nada pode escapar das suas mãos. Necessita ser rápido nas decisões, resolver a contento e com competência todos os problemas e estar aberto ao diálogo. Sempre.

7 – A participação familiar: uma solução possível

Todo o processo educacional desenvolvido pela escola haverá de se perder se a família fizer o contrário em casa. É de suma importância que ela participe do processo educativo para aprender e ensinar junto com a escola.

❀ CAPÍTULO 4 – A escola com que sonhamos

Dados do Sistema Nacional de Avaliação Básica (Saeb) demonstram que as crianças que fazem parte de uma família que participa de forma direta do dia a dia escolar dos filhos apresentam desempenho superior em relação às demais. Essa participação pode acontecer de modo simples: conversar sobre o que acontece na escola, acompanhar o dever de casa e incentivar a leitura, por exemplo. A participação efetiva dos pais favorece, assim, o desenvolvimento da aprendizagem dos alunos e pode auxiliar a equipe escolar na construção e no desenvolvimento do seu projeto político-pedagógico.

8 – Saber: a teoria e a prática

Uma reação química testada em laboratório é tão importante quanto uma sinfonia de Mozart. Um teste de aptidão física é tão importante quanto um poema. Teoria e prática convivem, dando ferramentas e substância para a alma. Educar para o trânsito, para as práticas de preservação do planeta, a leitura de Camões ou Platão podem bem servir ao propósito educativo, tanto quanto as disciplinas teórico-curriculares.

Houve tempos em que a escola servia para o estudo do belo; outros, em que o objetivo maior era transformar em bom o cotidiano. O bom e o belo caminham juntos. Contemplar e transformar a realidade, eis o desafio.

9 – A transmissão do conteúdo e sua metodologia

Os professores precisam traduzir o que sabem de forma a envolver cada aluno. A arte de educar é também arte de seduzir. Se o educando não se sente atraído pela disciplina, se ela não lhe for significativa, dificilmente haverá de aprender. Há muitos mestres que não conseguem transmitir o que sabem porque não conseguem aplicar a metodologia mais adequada para se fazer entender da melhor maneira para que o aluno aprenda. Forma e conteúdo têm a mesma importância no processo educacional.

CAPÍTULO 4 – A escola com que sonhamos

10 – Celebrar a vida

A escola é um espaço privilegiado em que se celebra a vida. A aprendizagem dá sabor à vida, e cada evento realizado na escola com os alunos e suas famílias deve priorizar a celebração da vida. Uma vida digna, sem preconceitos. A vida solidária. Práticas de voluntariado ajudam o aluno a entender o seu papel no mundo e minimizam seus problemas – toda escola necessita ter alguma ação voluntária. A vida é celebrada em festas, formaturas, eventos culturais, cantos de leitura. A vida é celebrada na sala de aula quando o professor rege com mestria os seus alunos.

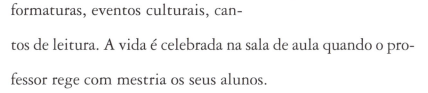

E a vida celebrada emerge da relação dialógica estabelecida entre Fernando Pessoa* ele-mesmo e o seu outro, Ricardo Reis**, neste dois poemas:

Palavras de Pórtico

Navegadores antigos tinham uma frase gloriosa: "Navegar é preciso; viver não é preciso."

Quero para mim o espírito desta frase, transformada a forma para casar com o que sou: Viver não é preciso; o que é necessário é criar.

Não conto gozar a minha vida; nem em gozá-la penso. Só quero torná-la grande, ainda que para isso tenha de ser o meu corpo e a (minha alma) a lenha desse fogo.

Só quero torná-la de toda a humanidade; ainda que para isso tenha de a perder como minha.

Cada vez mais assim penso. Cada vez mais ponho na essência anímica do meu sangue o propósito impessoal de engrandecer a pátria e contribuir para a evolução da humanidade.

É a forma que em mim tomou o misticismo da nossa Raça.

---

*PESSOA, Fernando. *Poemas escolhidos*. São Paulo: O Estado de S.Paulo/Klick editora, 1997, p. 140 (Coleção Ler é aprender).

❦ CAPÍTULO 4 – A escola com que sonhamos

14-2-1933

Para ser grande, sê inteiro: nada

Teu exagera ou exclui.

Sê todo em cada coisa. Põe quanto és

No mínimo que fazes.

Assim em cada lago a lua toda

Brilha, porque alta vive.

 **REIS, Ricardo. "Odes escolhidas". In: PESSOA, Fernando. *Poemas escolhidos*. São Paulo: O Estado de S.Paulo/Klick editora, 1997, p. 72 (Coleção Ler é aprender).

Sem risco, não há navegação ou caminhada, nem a vital perspectiva de mundos novos. Ricardo Reis coloca em pauta o homem e a vida vivida em cada evento. Caminha calmamente para um futuro, com o olhar levantado para um cenário maior que ele mesmo. Fernando Pessoa caminha para o futuro também, mas traz as mãos repletas de glórias do passado. Ele segue, já escolheu para onde vai e sabe de onde vem. No poema de Reis, também se percebem as escolhas e cada escolha na vida de muitos caminhos; não se sabe ao certo para onde, mas revela-se que a travessia é sempre para um ponto mais alto. Cabe aqui o diálogo com o grande mestre João Guimarães Rosa, que dizia que a realidade não está nem no primeiro passo, nem no último – mas na caminhada ou: travessia.

Seja como for, é notória a ânsia dos dois poetas, Pessoa e Reis, pela busca de sentidos que justifiquem suas existências. E como toda existência, de destinos e propósitos distintos, são encontros e desencontros das pessoas consigo mesmas, nem sempre a racionalidade consegue controlar esses destinos. Logo, navegar é preciso, viver não é preciso. Viver é inexato, a navegação possui técnicas exatas, precisas. Um barco perdido, não.

A escola dos nossos sonhos é aquela construída de forma responsável e coletiva. Nossos mestres brasileiros Anísio Teixeira, Darcy Ribeiro e Paulo Freire, entre outros, já nos ensinaram essas lições. A educação tem de ser democrática e libertadora. Responsável. Correta. Digna. As palavras e os exemplos do espaço educacional são sementes férteis para se viver e conviver e assim para a construção de um mundo melhor. Valem, para esta escola nova, as mesmas palavras que Comênio* usa para defender sua obra:

CAPÍTULO 4 – A escola com que sonhamos

> É necessário, com efeito, que primeiro germinem as sementes das coisas; estas virão a seguir, gradualmente, segundo a sua natureza. Por mais imperfeita que seja a minha tentativa e não chegue a atingir o objetivo que eu me havia proposto, o meu exemplo trará, todavia, ao menos, a prova de que foi percorrida uma longa etapa que jamais havia sido percorrida e que o cume a escalar está mais próximo que até aqui. Enfim, peço aos meus leitores que prestem atenção, sejam corajosos e julguem com liberdade e perspicácia, como convém nas coisas de máxima importância.

*COMÊNIO. *Didática magna*. Trad. e notas Joaquim Ferreira Gomes. Fundação Calouste Gulbekian, 2001, p. 16. Disp. em: <http://www.ebooksbrasil.org/adobeebook/didaticamagna.pdf>. Acesso em: 13 mar. 2014.

Mais uma vez lembro a *Pedagogia da Autonomia* de Paulo Freire, o educador que acredita na "boniteza" de ser gente e profetiza grande aflição e desdita aos educadores que perderam a capacidade de sonhar com o amanhã.

Gostar de viver o ofício de educar é o fundamento do que precisamos fazer para colocar o saber em movimento. Trata-se do fundamento da vida. Como dizia Platão, é o sair da caverna, a curiosidade. Não dá para o educador viver na caverna: temos de olhar o mundo como ele de fato é, e mostrarmos a capacidade singular de amar. Fechar-se para o mundo é encerrar-se numa solidão em si mesmo. Mas o professor é um generoso por excelência: compartilha saber, medos, erros, dúvidas. O professor não é o dono da verdade: quanto mais sabemos, mais temos consciência do quanto ainda falta saber.

Quanto mais projetamos no outro a nossa felicidade, mais infelizes somos. Não podemos imaginar que as pessoas serão aquilo que sonhamos para elas – mas o que sonham para si. Enquanto não se superar, emocionalmente, a tendência a buscar desculpas e culpar os outros por todas as coisas, não se conhecerá a si mesmo. Segundo as palavras de Vinicius de Moraes, ao conhecer a mim mesmo eu tenho de me lançar ao outro. E essa atitude faz com que eu não seja um solitário, pois serei capaz de socorrer, acolher, envolver, amar. Tal é a missão

CAPÍTULO 4 – A escola com que sonhamos

do educador. É necessário encontrar o equilíbrio tanto na vida, quanto em sala de aula. Sem perder a capacidade de sonhar. O sonho possível da educação como passaporte para um futuro de felicidade.